风水

汇集中国历代大师、风水典籍的实用风水精华

金陵图

罗盘
经天纬地的罗盘是堪舆风水的必备工具

传统数术名家精粹

[一叶知秋、一针见血、胸罗千载、面转乾坤]

（清）蒋大鸿◎著

杨金国◎点校

刘保同◎主编

风水宗师蒋大鸿代表之作

一本最全面的水龙风水专著，水龙最权威的经典

图注

秘传水龙经

顺骑龙穴图。"骑龙须要居龙脊，龙住贵无敌，三十六座骑龙穴，不是神仙难辨别。"只因骑龙穴力量最大，龙的气脉旺盛，在结穴后余气还能前行，但真龙穴不居尽处，前行余气上多不结地，或结很小之地。

内蒙古人民出版社

图书在版编目(CIP)数据

秘传水龙经/(清)蒋大鸿著. -呼和浩特:内蒙
古人民出版社,2010.5(2022.1 重印)
(传统数术名家精粹/刘保同主编)
ISBN 978-7-204-10504-5

Ⅰ.①秘… Ⅱ.①蒋… Ⅲ.①命书-中国-古代
Ⅳ.①B992.3

中国版本图书馆 CIP 数据核字(2010)第 090340 号

传统数术名家精粹

秘传水龙经

(清)蒋大鸿 著

责任编辑 王继雄
封面设计 宋双成
出版发行 内蒙古人民出版社
地 址 呼和浩特市新城区中山东路 8 号波士名人国际 B 座 5 层
网 址 http://www.impph.cn
印 刷 呼和浩特市圣堂彩印有限责任公司
开 本 710mm×1000mm 1/16
印 张 16
字 数 220 千字
版 次 2010 年 12 月第 1 版
印 次 2022 年 1 月第 5 次印刷
书 号 ISBN 978-7-204-10504-5
定 价 29.80 元

如出现印装质量问题,请与我社联系。
联系电话:(0471)3946120

出版前言

　　五千年的文化长河中，有一支渊源流长，而且历代备受推崇，充满神秘色彩的术数文化，一直是中华传统国学文化的重要组成部分。在我国历史的社会生活中占有很重要的地置，对中华民族的和谐发展有着不可磨灭的贡献，它所包含的内容体系博大精深，大至宇宙天地，小至一草一木，上至治国安邦，下至百姓生活。风水就是术数文化的一个分支。

　　风水的起源，可以追溯到远古洪荒时代。先民们面对洪水的泛滥，开始运用智慧择地而居。此后，风水的发展演变，大致经历了先秦孕育时期、秦汉萌芽时期、魏晋发扬时期、唐宋成熟盛行时期、元代低落时期、明清流传繁荣时期。自从河图洛书问世，数千年来风水领域，名人辈出，著述甚多，为风水理论的形成和发展作出了重大贡献。在发展过程中，风水学逐渐形成了两大宗派，即峦头派和理气派。峦头派注重峦头方位组合上的信息，理气派坚持时运生克方面的原理，两者互为表里，各有所长。除了目前公认的东晋郭璞是历史上第一个给风水定义的人，被尊为风水鼻祖，唐代杨筠松以其理论与实践同辉的非凡造诣成为无可置疑的旷古大师，发展了他的形派理论。理气派在明末清初则出现了一位阶段性的人物蒋大鸿。

　　蒋大鸿名珂，字平阶，号宗阳子，门人称其为杜陵夫子，是明末清初的玄空宗师。蒋大鸿幼年丧母，中年丧父。自幼随先父安

中国传统术数总集 第一辑

溪公学习地理风水之术，以形家为主。随着学识的提高，感到完全的形家风水有他的不足之处，疑惑探索时期，在方外之地获得无极子的风水真传。期间他还博采众长学习吴天柱的水龙法和武夷道人的阳宅法，并得到魏相国府的阳宅秘笈而自悟，这样又苦学了10年，才心眼洞开。之后，他开始游历祖国的大江南北，遍访古今的名墓大宅，充分验证其理论的正确性。这样又实践了10年，蒋大鸿才明白了风水之道的穷通变化和融会贯通，最后已臻化境成为震古烁今的一代地仙！一般人认为蒋公不识峦头，主要是杨筠松的撼龙、疑龙二经已经写得很详细了，所以蒋公作品中不过多的提到形家，更多的关心水龙之法和玄空之法。以整体言之，犹如果树，山龙如树之下枝，果子数量、品质皆是下等；而水龙犹如树之顶冠，果子之数量、品质岂下枝之可比！所以中国历来官宦、大族乃至帝王多出自水龙（平阳）。山龙亦偶有望族、帝王者，亦不过斩关之效而已。蒋公时逢战乱，世晦而堪舆大道隐匿，亦唯恐世家之子孙不济，大道失传或支离破碎，以致永无再现之日。蒋公拳拳之心，唯天可表。千方百计搜集凤毛麟角。煞费苦心，编撰《秘传水龙经》，此真是蒋公于堪舆之大功也！亦恐落入歹人之手故秘而传之，因而遭世人之诟骂也。窃以为蒋公之论堪舆至诚至真，极其精当。后世之论堪舆者无以出其右。蒋公之《秘传水龙经》序曰："譬之大匠，水龙者，檀楠、杞梓。而三元、九宫，则方圆绳墨也。譬之丹家，水龙者，鼎器、药物。而三元、九宫，则精莹之火候也。名材不搜，公输无所施其巧；铅汞不备，伯阳无以运其神。故天元心法，诚为至矣"。所以我们要认识一个全面完整的蒋大鸿。一代地理宗师，岂是浪得虚名。全书虽然操作实例不多，但出手不凡，其著述中显露出对水龙的认知深不可测，理论高度让后人惊叹不已。不读《水龙经》，焉知水法之奥妙？不读《水龙经》，怎知平洋（平原）水龙法规尽在其中？

　　天人合一，阴阳调和，人与自然的和谐相处，这是中国术数的理论核心。风水作为中国独有的哲学思想产物，是祖先由实践积累起来的经验，所形成的人居环境选择优化的实用方法，而这也正是中国几千年来思想沉淀的精髓，也是我们要传承的部分。我们肯定风水在人类生存发展过程中的积极作用，但也不可对风水的作用无限地夸大，并掺杂个人功利目的。中国传统文化日渐式微，而作为一种倍受争议的学术更是沦为边沿学科，作为中华民族的子孙，我们每个人都有责任去了解它，学习它，发扬它。

回首我与中国传统术数文化的缘分，回想我走上术数研究、应用的人生道路，感慨万千。让古老的术数文化福佑天下百姓，福惠千家万户，造福子孙后代的心愿时时在我的心中生荡漾，产生了我人生为之而奋斗的精神力量。传承和发展，任重而道远，路漫漫其修远兮，吾将上下而追寻。感念我数十年生根于心中的这个愿望，也正是这个愿望陪伴着我走过坎坷，走向辉煌。也由于这种愿望，我和我的同仁们在学习、研究中完成了这套书的的点校编写工作。由于世间仓促和本人水平所限，在成书之际，难免会存在一些问题，在此，欢迎各界朋友和业界同仁望能及时反馈联系，以利再版修订完善，在此表示感谢。

愿博大精深的中国术数，能够为你带来吉祥；愿国学经典术数著作，为你打开新的人生之门！

中国传统术数总集 第一辑

《水龙经》序

　　自鸿蒙开辟以来，山水为乾坤二大神器，并雄于天地之间。一阴一阳，一刚一柔，一流一峙，如天覆地载，日旦月暮，各司一职。后世地理家罔识厥旨，第知山之为龙，而不知水之为龙。即有高谈水法者，亦唯以山为体，以水为用，至比之兵之听将，妇之顺夫。于是山之名独尊，而水之权少细，遂使平阳水地，皆弃置水龙之真机，而附会山龙之妄说，举世茫茫，有如聋馈，此非杨曾以来未晰此义也？古人不云乎，行到平阳莫问龙，只看水绕是真龙；又云平阳大地无龙虎，潆潆归何处？东西只取水为龙，扦着出三公，其言之晓畅条达，隐隐在人耳目间，人自不之察耳。至其裁制格法实鲜，专书发挥未备，卒使学者面墙，无径可入。是岂以山之结构有定，水之运动无穷，人苟知水龙作法，将大地山河随所指顾，不难握神机而参造化，故引而不发，为造物借此秘奥欤？夫高高在上，哀此下民，亦欲使千古不传之蕴，宣露一时。苟知而不以告人，为不仁；告而不以实，为不信，予不揣固陋，欲为后此通人彦士执留前驱，因无极之传，发抒要妙，尽泄杨公之诀，俾荡然大辟。以山龙属之高山，以水龙属之平壤，二法判然而不相合。不惮大声疾呼，以正告天下有识之士，间以信之，从来迷谬，于焉洞豁。予虽自喜其阐明之非偶，而且恐恐焉惧冒阴阳之愆，又何敢贪天之功以为己力也？

　　方予初传水龙之法，求之古今文献，茫无显据。乃得幕讲禅师《玉镜经》《千里眼》诸书，于入穴元机始有符契。未几，又得《水龙经》若干篇，乃叹平阳龙法未尝无书，但先贤珍重，不肯漫泄于世尔。因无刊本，间有字句之讹，用加校嫩这次，编成五卷。
一卷明行龙结穴大体支干相乘之法，二卷述水龙上应天星诸格；
王卷指水龙托物比类之象，四卷明五星正支穴体吉凶大要，五卷
义同四卷而纵横言之。一、三、四卷得之吴天柱先生，二卷得之查
浦故宦家，五卷觅之吾郡，最后待。作者姓名，或有或无。其言各
擅精义，互见得失。合而观之，水龙轨度无逾此矣。学者以此为
体，而更以三元九宫易卦乘气为用。譬之大匠，水龙者楠杞梓，而
三元九宫则方圆绳墨也；譬之丹家；水龙者鼎器药物，而三元九
宫则精莹火候也。名材不搜，公输无所施其巧；铅汞不备，伯阳无
以运其神。故天元心法，诚为到矣，而是书又曷可少乎？经之为
名，不可漫加，兹故因而不革，实可藏之匮石室，与青囊狐首并垂
不朽、后之学者，苟非有过火之福，天牖其衷；示获见此书也。
希世之宝，唯有德者当之。尚其知敬也欤？尚其知惧也欤？

　　　　杜陵蒋平阶大鸿氏题于丹阳 之水精庵

目 录

中国传统术数总集 第一辑

中国传统术数总集　第一辑

水龙经卷一

总　论

【原文】

　　此卷专明水龙支干之理。以通流大水为行龙，而谓之干，以沟渠小水为割界，而谓之支。穴法取支不取干，犹之高山起祖，重岩叠嶂之中，反为真结。而老龙发出嫩枝，始有结作也。

　　篇中主意，常以干龙绕抱取外气形局，以支龙止息交会取内气孕育，其于水龙之理论之，特为美备。盖大江大河虽有湾抱，其气旷渺，与墓宅不亲，断难下手。须于其旁另有支水作元辰绕抱成胎，则化气内生，并大水之气脉，皆收揽而无余，才为大地也。

　　我观旧家名冢，枝川小干，首尾通流，其形曲折，竟于转处下龙腹穴，全无内堂界水，亦得大发。其小枝尽处，或一水单缠，或双流界抱，深藏婉丽，毓秀钟灵，世家大族所在都有，不必尽论。外局其福力已不可限量，似乎此书所论，不可尽拘。

　　小干无枝，其局虽大，必须久而后应，终难骤发。支龙无干，其效虽捷，而气尽易衰，不能绵远，都不若支干相扶之地，可希求旦夕之功，而亦可期代兴之泽也。

　　然则此书之义，岂可废而不察欤？其所重在特朝之水。迎秀立穴，虽是正论，然必欲其逆入朝迎，犹是一偏说之论。盖水龙妙用，只在流神曲秀，生动化机自然呈现，前后左右，无往不宜，顺逆去来，随方协应。以我所见，尤以坐向首尾为驾驭有权，或左或右，未免偏于公位耳。

若湖荡龙法，此书皆取众砂环聚，即是仿照山龙图式眠倒星辰之说也。果如所图，局法固大，然我遍观吴楚之间，三江五湖巨浸多也，欲合此等图式，百无一遇，全在此说会意云尔。必欲按图索骥，求此等之地而葬之，涉于愚也。

要之湖荡之脉，亦当深明支干。盖大荡即名大干，必须其旁又求支水立穴，而后发福可期。若单取大荡，阳宅尚有归收，阴基决难乘接。其借外砂包护，亦即支干之法而变用之者也。

至于水龙作用，全在八卦三元之中，江河湖荡其归一理也。不精此义，纵得合格局的大地，也不免求福而反受其祸。则又乾坤之秘要，圣哲之心传，而非作此书者所能知也。此作书不著姓氏，大约近代人手笔。其每篇立论，未免尚存流估之见，于真传正诀犹隔一山。我以支干之说，为水龙经开卷第一义，所以说节取其图列之卷首，若一一拘泥于其说，则于真实际会反致河汉，贵学者之善读书也。

大鸿氏笔记

气机妙运论

【原文】

太始惟一气耳。究其所，先莫先于水，水中滓浊，积而成土。水土震荡，水落土出，遂成山川，是以山川有波浪之势焉。葬经云："气者水之母，水者气之子；气行则水随，水止则气止。子母同情，水气相逐，犹影之随形也。"

【评注】

《山洋指迷》云："气者，水之母也；水者，气之子也。有气斯有水，有水斯有气。气无形而难见，水有迹而可求。水来则气来，水合则气止，水抱则气全，水汇则气蓄。水有聚散，而气之聚散因之；水有浅深，而气之厚薄因之，所以说因水可以验气也。若池湖荡胸无收，则气不能聚；江湖泼面无案，则势不可当。其易盈易涸，急去急来，倏浅倏深，或环或直者，亦有盛衰之应。惟大水内又有小水重重包裹，方见气之藏而聚；大界之内更有微茫隐隐分合，方见气之动而止。"

【原文】

夫气，一也，溢于地外而有迹者为水，行于地中而无形者为气。水其表也，气其里也。表里同运，内外同流，此造化必然之妙用。欲知地中之气趋东趋西，即用水之或去或来，可以概知之也。若观气之运行，必观诸水，川上之叹，亦可以观先圣见道之情焉。

【评注】

气是风水理论的中心问题，他虽无形，但在特定条件下出现。龙脉之气显于外者为水，隐于地中方为气。虽水和气一显一隐，一露一藏，但同属一体，同运同流，并无二异。

隋末唐初的著名术士袁天罡就善于望气。他认为：有一种似烟非烟，似云非云，郁郁纷纷，现红黄二色，状若龙形，这叫做瑞气。瑞气见则人君主有祥瑞之事。有一种白若练絮，晦昧不明，乍有乍无，其状类狗，这叫做妖气。妖气见，天下非主有大丧，即主有兵变。有一种中赤外黄，有丝有缕，若欲随风飞舞之状，这叫喜气。喜气见，则朝廷有非常之喜。有一种状若长虹，冲天而上，中吐赤光润泽者，叫胜气。胜气见，则天子威加四海。有一种状若人形，而白色蓬蓬不动者，叫做尸气。尸气见，则其分野之下，民当有流离丧亡之灾。

【原文】

然行龙必有水辅，气止必有水界。辅行龙者，既在乎水，故察其水之所来，即以知龙气发源之始。止龙气者亦在乎水，故察其水之所交，即以知龙气融聚之处。故经曰："界水则止。"又曰："水气横行，内气止生。"旨哉斯言欤。

【评注】

凡龙脉迢递而来，自祖及宗，五行剥换，到结穴之山，谓山之行龙。凡大水滚滚而来，谓水之行龙。山龙行度，两水必夹一山，两山必夹一水，水行则山必行，山止则以水止。一但落脉，二水或合襟于前，或前有横水绕过，气必临水而住，穴必倚水而立，此山龙结穴之法。平洋之龙，生气四散，龙脉无法辨认，必以水为踪，或前有二水合襟，或有一水单缠绕穴，则水界处即生气融聚之处，穴亦倚水而立，此要旨也。龙结穴分为五格，一朝水局，二横水局，三据水局，四顺水局，五无水局（亦名旱龙局），说明水龙变化之妙。

【原文】

然天地之气，阴与阳而已。易曰："一阴一阳谓之道也"，又曰："阴阳互感其宅，动静互为其根，不可须臾离也。"地脉之行，阴阳相禅，万物化醇。郭璞有云："独阳不长，独阴不成，阴阳合德，而生成之功备。"故山脉之高峙，水脉之长流，各有阴阳。水者阳也，山者阴也，二者交互，不可须臾离也。

【评注】

阴阳之说，是一切术数的精华。年有春秋，春季万物滋生，阳气渐长，所以说为阳。秋季万物收藏，所以说为阴。日有昼夜，昼日出而为阳，夜月升而为阴。人有男女，男为阳，女为阴。所以，世上的一切事物都离不开阴阳。风水之道也是如此。山主静为阴，水流动为阳，山环水绕是阴阳交媾而成大地。干水为阳，支水为阴，阴阳相合，地气融聚而成穴。只有干龙而无支龙，是独阳。只有山而无水，只有支水而无干水是独

朝怀水

阴。阴阳不能交泰，虽有穴星，均似是而非。如二男同室，二女同居，不能交媾生育一样，所以说：独阳不长，独阴不成。

【原文】

地脉之行，借水以行之。地脉之住，借水以止之。既能引导其行，又能止其住者，何也？因外气与内气相合，二气相荡而成物，犹如夫妇媾而成生育之功也。阳为雄，阴为雌，阳以畜阴，阴以含阳，即雌雄相会，牝牡交垢之情也。故曰："阴阳相见，福禄永贞；冲阳和阴，万物化生。"此天地自然之化机。合而言之，混沌之初体，即万物统体一太极之妙用；分而言之，随物付物，又万物各具一太极之玄奥也。知太极之理，则可以语化机之妙；知化机之妙，则可以语形象之学也。

中国传统术数总集 第一辑

【评注】

　　阳以蓄阴，阴以含阳：易传上说："易有太极，是生两仪，两仪生四象，四象生八卦。"气运动而分阴阳，阴阳分四象，四象而现天、地、水、火、风、雷、山、泽八卦八种自然现象，由此八种自然现象又生出万物，这就是无极生太极，太极生万物之理。

　　易曰："一阴一阳为之道。"这阴阳相互依存，牝牡交媾，是万物化生的根本之理。万物负阳抱阴，最先由老子提出，其意有二：一是山为阴，水为阳，背山面水为负阴抱阳；二是北为阴，南为阳，坐北朝南为负阴抱阳。如是立穴背水面山，即负阳抱阴，阴阳交媾，此即化机之妙。

自然水法形歌

【原文】

　　水法最多难尽述，略举大纲释疑惑。
　　世传卦例十数家，彼吉此凶行不得。
　　自然水法君切记，无非屈曲有情意。
　　来不欲冲去不直，横不欲反斜不急。
　　横须绕抱及弯环，来则之玄去屈曲。
　　澄清停蓄甚为佳，倾泻急流何有益。

【评注】

水法：即收水、消水之法。"因其派系不同，所以说吉凶之位也有区别，简单介绍几种于下：

一、三合双山水法：水从生方旺方来，从墓绝方消出为吉。反之，水从死绝方来，从生旺方消出，是破了生旺为凶。

二、玄空水法：不论来去，生入为吉，克出、生出为凶。因为通关旧坟，亦多不验。"所以说近代多以为其不合地理。

三、黄泉水法：歌诀："庚丁坤上是黄泉，乙丙须防巽水先，甲癸向上忧见艮，辛壬路上怕当乾。"

四、八曜水法：歌曰："坎龙坤兔震山猴，巽鸡乾马兑蛇头，艮虎离猪为八杀，墓宅逢之立便休。"

另外，还有纳甲水法，宗庙水法，先天水法，后天水法，九星水法，禄马御阶水法，玉尺四局水法等，细细算来，何止本歌中所说的十数家。以上水法，不仅为形法派所弃，也被三元九宫玄空之法所斥之。

何为真法？即本章所谓"自然水法"者是，以水来去自然之形以辨吉凶也。

风水上为什么穴一定要点在曲水环抱怀中？通常情况下，容易崩塌的一侧就是江水屈曲的背弓侧，由于水性的惯性冲力，在此处建宅立穴，易被水侵蚀，易受水灾。容易淤积的一侧就是水环抱的一面。而在屈水外侧立穴安宅，易遭水患。这很符合力学原理。从这个角度讲，立穴于曲水环抱之中是有科学道理的。

【原文】

八字分开男女淫，川流三派业欹倾。

急泻急流财不聚，直来直去损人丁。

左射长男必遭殃，右射幼子受灾遭。

中国传统术数总集 第一辑

若还水从中心射，中房之子命难长。

【评注】

八字水是指朝水来到穴前，分成八字流走；或两水呈八字形当面流来。在此处立穴，主儿孙忤逆不孝，不分男女，皆主淫荡破家。川字水是指不论何方，水分三股直射而来，或直流而去，直冲直泻，极是无情，主破家退财。

直水流来，急冲穴星的左右两方叫直射水，直冲穴前叫冲心水，直冲两胁叫射胁水，直冲穴后叫冲背水，都是凶水。左方为长男，中间为次男，右边为小房。水直射何方，何房遭祸。三方均射，三房齐败，伤子绝丁。射方有水拦截，谓之有救，凶气略减。仍视为不好之水。

【原文】

扫脚荡城子息少，冲心射胁孤寡天。
反跳人离及退财，卷帘填房与人赘。
澄清出人多俊秀，污浊生子多遇殃。
大江洋朝田万顷，暗拱爵禄食五鼎。
池湖凝聚卿相职，大江洋朝贵无敌。
飘飘斜出是桃花，男女贪淫总破家。
又主出人好游荡，终朝吹唱逞奢华。

【评注】

池湖凝聚有两种。一为聚水，最吉。水本动，妙在静，中聚则静也。一种叫聚面水，乃诸水融聚与穴前是。又名水聚天心，亦为水法中之上格也。

虽穴前看不见来水，但水在砂山之外，或环山抱聚而成湖，或屈曲环绕而去，是水在砂山或案山之外暗暗循环护卫穴星。经云"明朝不如暗拱",因明朝恐带杀气,而暗拱有情,为吉水。

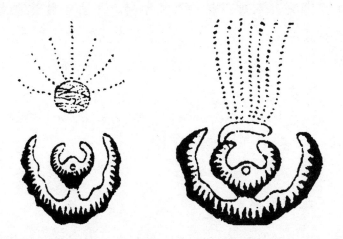

有水来到穴边,并无环抱穴星,轻飘飘斜飞而去,形如裙带,叫桃花水,或名流霞水。主人淫荡,飘游或为伶艺之人。

【原文】

> 屈曲流来秀水朝,定然金榜姓名标,
> 此水去流无妨碍,财丰亦主官豪迈。
> 水法不拘去与来,但要屈曲去复回,
> 三回五度转顾穴,悠悠眷恋不忍别。
> 何用九星并八卦,生旺死绝皆虚诡。
> 述此一篇真口诀,读者胸中皆透彻,
> 免惑时师卦例言,祸无福有须当别。

【评注】

来去之水,只要屈曲盘旋,三环五绕,眷恋有情,就是吉水,其余诸水法都是虚诡之论。《水龙经》通篇俱论水之形势情形,何尝有方位之说。有人用方位,神煞等说法惑世诬民,危害巨深。

今天把水的宜忌详写下来供大家参考:凡水抱不裹,水朝不冲，水横不反，水远不小，水近不割，水大不荡，水高不跌，水低不扑，水众不分，水对不斜，水来不射，水去不速这些都属于吉格，跟着相反的都为凶格主凶。这才是水法精髓，是对《水龙经》最精辟地概括。

分论

【原文】干水城垣格

大河大江，或从东南来，或从西南来，中间虽有屈曲处，并不见回顾环绕，十里、二十里，滔滔而来，如大雁之飞翔，略无回翔之势。中间虽有屈曲，决不结穴。直至回绕环转回头之处，如雁之将止，则必回翔而后歇泊也，至此方是龙脉止聚之处。

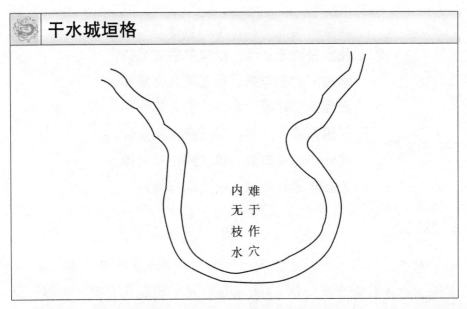

干水城垣格

内无枝水　难于作穴

经云："界水则止。"又云："界水所以止来龙。"若一、二十里尚不见水回头，则前之屈曲处乃行龙处也。书曰："龙落平阳如展席，一片茫茫难捉摸，平洋只以水为龙，水缠便是龙身泊。"故凡寻龙，须于来水城回绕处求之，然水之来路远，其势宽大，中须有小回头处，乃真龙束气结咽之处。即未结穴，直至大缠大回之处方始聚气。然到头形势宽大，又难捉摸，必须求支水界割才可。得支水插腹，产生内堂，砂水包裹，不疏不密，形局完固，方为真穴。若非支水界割，则大水虽环绕，终是茫茫无以指点。盖因为势宽则气荡，形大则气散，内无支水交汇，一片顽皮，何以立穴？虽无大害，必不发福也。

【评注】

干龙气势宏大，转身不如支龙灵活。虽有屈曲、回环，但形势宽大，虽似结作，但是龙气荡散，无法立穴。若有支水插界，束收龙气为最美，但也要根据形势活看。干龙绕缠，三面环抱，形如金城，来去有情，气势大者，可选为帝陵、帝都。中小者，可选为府县之所，并非定要界水插入。

【原文】干水散气格

干水斜行，似有曲折，而非环抱，又无枝水以作内气。

【评注】

不论干龙、支龙，只有屈曲环绕方为结穴。而屈曲环绕，又重在环绕二字，只有屈曲而无环绕，也无结作。干水斜行不正，为其一；虽有屈曲，而无环抱，为其二；去水斜窜，再无回顾，为其三。所以说地不成形，气不凝聚，为散气格，没有结作。若在弯处插一枝水，二水合襟以止来气，方可立穴。

中国传统术数总集 第一辑

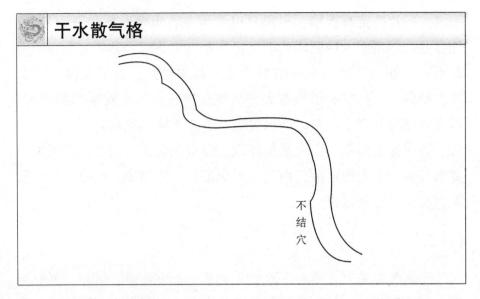

干水散气格

不结穴

【原文】枝水交界格一

右前一枝大江，自右倒左；右后一枝大江，亦自右趋左，与前倒左水合流屈曲而去，此正两水合流一水引脉之局。又云"两水合出是真龙"，龙从右来穴倚左。局中龙脉宽大，却要寻枝水插腹割界作内局龙虎，前后左右朝抱，包裹周密，方可立穴。此局于腹中插入小水分界，左右重重交锁，三分三合，束气结咽，龙脉到头圆净端严，形势极秀，横来横受，图中枝水交界格向前面砂水弯抱处立穴，以迎西来水，其福力甚大。

【评注】

不论东西南北，穴的左边皆为青龙，右边为白虎。若穴间不见，则不可作龙虎论也。龙虎反背主卖尽田庐，离乡绝嗣。主妻拗子逆，兄弟不和。

龙虎有吉有凶，简而言之，穴星两旁宜有山或水环绕抱穴，以固真气为吉。若左右砂水直窜、反跳、或边有边无，真气皆散，其穴必假，葬之必凶。

枝水交界格一

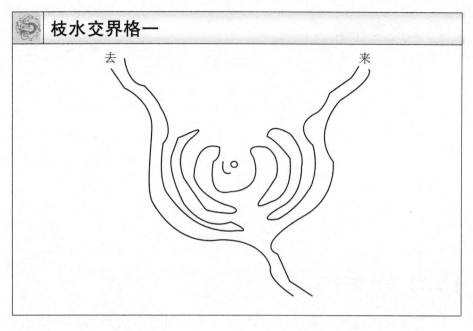

去　　　　　　　　　　来

【原文】支水交界格二

　　西南水来，迎合东南来水出东北，却于东北插一枝水，分界于左右，作龙虎砂横夹于前后。中间插一枝水，横界于前，左右有金鱼水紧拱于两间，作横来正受，而来水护卫周密，三分三合到头，上气完固如斯。经云："水要有分合，有合气方洽。"

　　今此局三分三合而转头向南，委曲活动，略无硬直之杀，主富贵全美。若东南屈曲而来，穴中望之，如在目前，其秀气尤佳，主文翰声名，可发甲也。

【评注】

　　穴既开口，合口处有唇，唇下有水影兜界，名曰金鱼水。有唇则肉地自厚，穴气自融。有金鱼水则界断内气，不使走散。凡作穴多以此定真假，无金鱼水界气者，穴必不真。

支水交界格

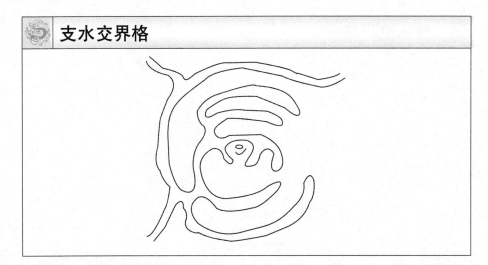

【原文】支水交界格三

　　受水只从后面右来，绕玄武而回头，即于左边局后屈曲而去。于后大水去处插一支水，从左向前弯弓抱过右边，即作外包裹。又于左之右插一枝水，上前分作两股，一股向局后过右界出龙脉，一股向局前聚水成池，其砂水处处回头于左侧，此亦横来侧结穴也。前有小荡作聚水，堂宜对小荡正受，亦主科甲发贵。盖玄武水虽不顾穴，却于左边绕局后而去，乃真气也。

支水交界格三

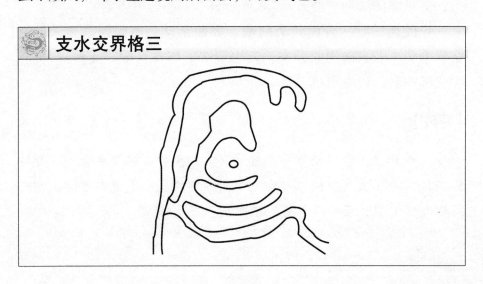

【评注】

正接来脉而下穴叫作正受。水聚于穴之四周叫聚水。水聚在穴前，叫作水聚天心。

如都昌吴孝子祖地。此地在湖滨，来龙开帐，入首结垂乳穴，两畔包裹，前对三山甚秀。一湖之水，倒入穴前，下手一石，挡水为回流，葬后巨富。出孝子可畏及诸秀士，福祉方隆。

但是此局穴前聚水，但近有石曜如印，远有三山朝拱，使真气不散，所以说美。若无石曜远山，则气散也。

三山在缠缭之间甚秀

蜈蚣山

石

都昌吴孝子祖地

【原文】支水交界格四

坐下或从东北，或从西北插一枝水，上南屈曲，一路向左插上，一路向右插上，割界左右，龙虎交锁。及抱于坐下，成龙虎交抱势，到头成仙人仰掌，仰结窝穴，逆来脉立穴，取向作回受穴。顺脉立穴，取向为顺杖穴。得龙虎砂朝抱于前，其秀尤速。此二法俱可，但看前后朝应何如。如前有远朝曲水，可迎水立回受穴。如后有曲水远朝，或远山呈秀，作顺杖穴。此势虽缠玄武，弯抱如弓，并无分泄，城秀完固，局势周密。主百子千孙，朱紫满门。若东北或西北一路水分泄而去，其力量便轻也。

秘传水龙经

支水交界格四

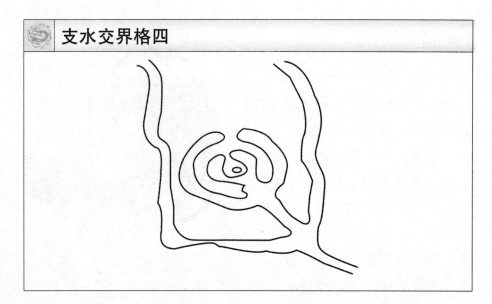

【评注】

　　落脉处一片平地，如仰掌形，是山龙仙人仰掌穴，其穴多结于高处。水龙左青龙，右白虎，二水交汇，中有一突，其形如人掌仰放，所以说仙人仰掌。宜在凹窠正中处立穴，也有在弦厚处接得来脉处立穴者。

　　窝穴：穴法四象之一，山龙结穴有窝，平洋龙亦有窝。顺杖：杨筠松《十二杖法》曰："顺者，顺乘本山之来脉而受穴者也。必其后龙已经剥换，脱煞得尽，及至将入首处，不强不弱，不饶不减，正接来脉而下。"回受穴为回龙顾祖立穴。

【原文】 曲水朝堂格一

　　穴前曲水，不问三曲五曲，周匝整肃，自右过东，就身回抱而去。却于曲水后分枝割界，作重重龙虎，分列左右，双双回头朝顾，如拜如揖。穴后枝水分合，五关四峡，重重结咽，束气兜收。得此形势，极为周密，秀水完固，来水屈曲呈秀，来脉尊贵端严，左右重重卫护。主有百子千孙，世出魁元、神童宰相。若穴前含蓄

中国传统术数总集 第一辑

聚水，富堪敌国。若水系左来于穴前，屈曲而去，其福力不减，但为官清贵无财，清白传家也。

曲水朝堂格一

【评注】

龙至止处，左右龙虎回头交抱望穴；左右送龙之水，于穴前合襟；下手砂自逆水回拦左右随从之山，兜住山水，使龙之真气完固，叫结咽束气。或水口去处，两岸之山周密重叠，交结关锁，犬牙交错，以固真气者，亦叫结咽束气经云"山管人丁水管财"，水是看财富的主要条件。水虽屈曲来去，在穴前并非聚集成池荡湖泊，是财来财去，财气不聚，虽贵不富，所以说"清贵"。

【原文】 曲水朝堂格二

凡见曲水当面来朝，横过穴前，须得就身回抱，屈曲而去，坐下要枝水割界，兜收龙脉，或一重、二重、三重，叠叠绕于穴前后方成体势。其穴前横界深水不宜太阔，太阔则气荡；不宜太狭，太狭则气促。面前朝水如箭射，恐破气荡泄。

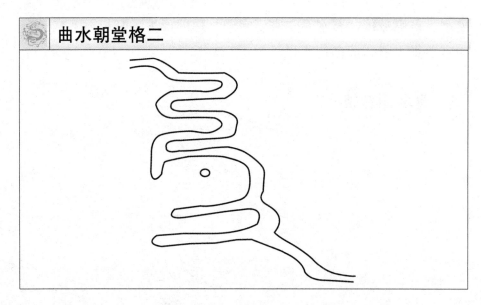

曲水朝堂格二

此地曲水一路单缠兜收，脉气凝聚，大能发福。但坐下无玄武水大江绕护，乃是行龙腰结，非尽龙也，其力量比两水合出稍轻。若得去水在玄武后回头，从坐下包聚而去，更加不同。

【评注】

杨公云"大地皆从腰里落，回转余枝作城廓"者是。水龙亦是，流水屈曲而来，中有回环、兜收，又屈曲流去，穴结于枝水中间者是腰结。如此局，曲水于中回环兜收一重、二重而后流去，是流去之水缠玄武而为我用。此图迎朝水立局，玄武后缠两重，真气完固，当是大地。可惜去水斜去不回头，减其福力。

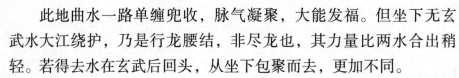

【原文】曲水朝堂格三

下图穴前秀水当面朝来，与右来横水合流倒左，就身回抱绕玄武，却回头向东北而流。来则屈曲，去则顾我，更得右水交会，此与一水单缠殊觉差胜，水交砂会，龙尽气钟，可谓大地也。人丁繁盛，富贵非常。

凡右水倒左灌堂，则前秀水不得过堂，而长房与二小房并发。

假若右水是穴前曲水分泄而去，则小房不发也。后主迁移、过继，或易姓离乡也。

曲水朝堂格三

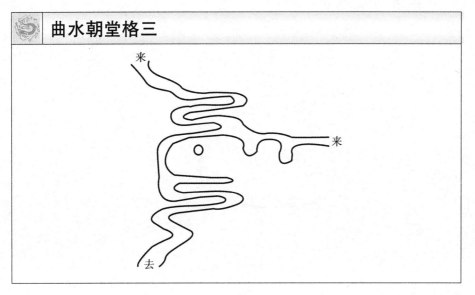

【评注】

水在穴前明堂流过叫过堂。穴右分房属小房，穴中分房为中房，穴左分房为长房。水从右边屈曲而来，过明堂倒左边灌堂，主小房、中房、长房并发，但小房速而长房迟，因水先至右，属小房故。如果并未灌堂，只兜白虎屈曲而去，所主要以水去势判断；如果去水兜收有情，主小房发达；若水斜去无情，方主小房迁移过继，或易姓离乡。

【原文】 曲水朝堂格四

此势与前曲水朝堂相同，绕青龙，缠玄武法合。前局周密紧促，此局左来就身，夹下稍长而宽，龙脉趋归玄武。秀水在前，欲就曲水立穴，则气聚在后而脱气。立穴就气聚处，则曲水远而乘受不及。如此形势，中间必有枝水插腹，兜收其气于中局，使前不脱曲水，后不脱龙气，前亲后倚，方能发福，而主文翰之贵。先发长房，后发中房、小房，更得去水之玄，则力量悠久。

曲水朝堂格四

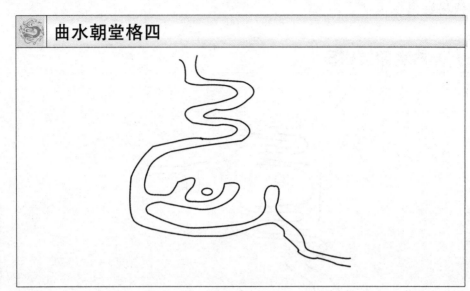

【评注】

　　龙脉落下，至结穴处必起平地，看其来脉急缓而立穴。若龙脉来势峻急，则穴宜缓受，离脉较远为宜，近则易受杀气。若来脉较缓，则宜急受，接近来脉立穴，远则真气已失，叫作脱气。如此局，虽前水屈曲来朝，后水绕抱而去。但堂局过于旷渺。穴立于后，则堂过于宽，不能呈接前朝秀水之力；穴立于前，则离龙太远，为脱脉。喜枝水插腹，真气凝局，前朝后缠均为我用，所以说为大地。

　　此局水从左首屈曲而来，左主长，所以先发长房。而水过穴中、穴右，屈曲回旋而去。因水流从左至右，所以后发中房、小房。

【原文】曲水朝堂格五

　　下图水或从左来，屈曲到堂；或从右来，就身环抱，绕玄武而去。或从右来，屈曲到堂；或从左来，就身环抱，绕玄武而去。其曲处须要如"玄"字样或"之"字形，不懈不疏，整肃周匝。至穴前却如弯弓就身，绕转包承于穴后，得此形势甚佳。若形势太宽，中间须得枝水割界，得脉络清奇。若局势周密，虽无枝水割界，亦可立穴。

曲水朝堂格五

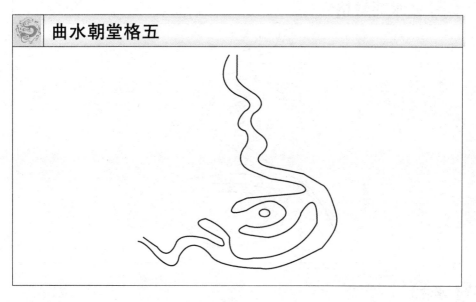

【评注】

以上曲水朝堂数格，皆为朝水局。卜氏云："逆水龙固美，不若当朝之穴为尤美。爰逆水多是枝龙，岂如干龙两水夹送，至结作处，却翻身数节，逆当朝水结穴，力量极大。"赋云"九曲入明堂，当朝宰相"，"大水洋洋当面朝，当代出官僚。"所以说朝水为催官、催富之吉水。须要注意的是，朝水宜屈折弯曲，悠扬深缓。忌急直冲射，湍怒有声。所以说此格贵在一个"曲"字，并非朝堂皆贵，当宜分别。

【原文】 曲水朝堂格六

凡曲水朝堂流，须折折整齐，厚薄相等，不宜东拽西窜，如风摆柳条，如风吹偃草，或盖过穴，或不盖过穴，参差错乱者，虽见屈曲，无足取也。如垣局割界结咽，内气合局，亦能发福秀，但主子孙飘荡淫逸，爱歌舞，轻狂废业。若得进局，一二折水朝抱有情，亦主初年稳发，行至摇动摆跌处，不免退败之忧。

曲水朝堂格六

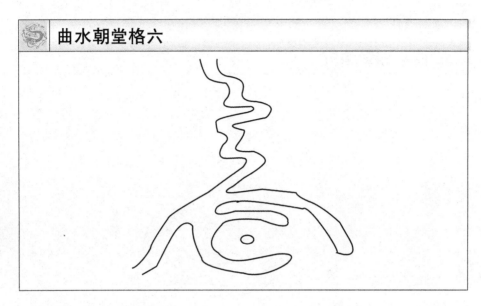

【评注】

此图穴场龙虎交锁，玄武缠绕，支水插界，聚气完固，内形极美。惜来水无度，东窜西荡，摇头摆尾，参差错乱：坏了穴场龙气。初运气在穴场，虽可发福。然运一行至摇动摆跌之处，龙气荡散，后必破败。主子孙飘荡淫逸，爱歌舞，轻狂废业，此以形论也。

【原文】曲水朝堂格七

下图凡曲水朝堂，须得三横四折，如之如玄，折折包过穴场，其转折处不至冲射。若来水虽见屈曲，东牵西拽，固不可用。若曲形如缠索，穴前虽见弯抱，而前面一路殊非秀丽，亦不为吉。如此形体，局中虽割成势，而穴之终难发福，即不冲不破，仅可小康。若有冲击，或左右前后略见分泄，必至破坏也。远水如草之字，或如展索，而穴前弯抱，盖得穴过，望之不见前面冲射，亦主三、四十年发福。及水步行至之日，即衰退也，不可不细辨。此图外局既全，内气复固，爵尊福厚，丁旺力长，美不可言。

曲水朝堂格七

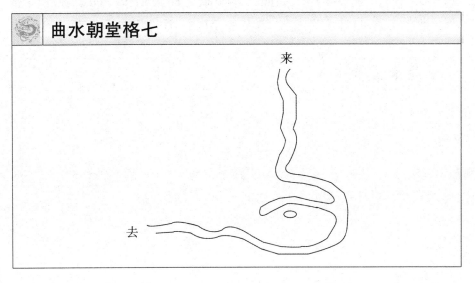

来

去

【评注】

缠索水虽也有弯曲，但与屈曲水不同。屈曲之水弯回有度，折折齐整。缠索水则窜流无度，回环不整，形如绳索。屈曲水是水龙中至美之水，穴场得之，定然富贵。缠索则主贫困破败，所以说"终难发福"。即使内局完美，也只为小地，发福短暂。

细析此图，虽单水环抱，内有支水插界，去水屈曲回顾，但来水如风摆柳，且直冲穴场，虽初可富贵，运行至成索处却有退败之忧，终难久长。并非如本文所言"爵尊福厚，丁旺力长，美不可言"。

【原文】 曲水单缠格一

一水单缠，只要屈曲有情，或从东南来，或从西南来，折折调匀，不牵不拽，不疏不密，三曲四曲，厚薄同情，未即结穴，互至

中国传统术数总集 第一辑

回翔弯绕如满月之势，方成体面。其去水亦要回头顾我，所谓"洋洋悠悠，顾我欲留"，是来要之玄，去要屈曲。然屈曲去处，最怕如绳索样，曲不远即反背走跳，亦不结穴。此水从东南来，三五折到局前，抱如满月。前面不厚不疏，而独到头一曲，独厚而圆净，此"水星曲池穴"也。得去水变局，不向西北而向东北者真。

曲水单缠格一

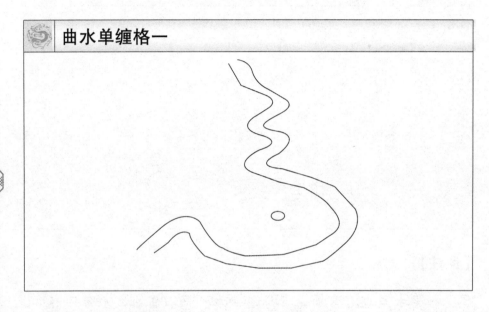

【原文】 曲水单缠格二

三横九曲，当面朝堂，不疏不密，不牵不拽，曲曲整肃，绕青龙，缠白虎，回头顾我，屈曲而去。中间并无枝水插界，左右兜乘，真气于中，此穴名"水星曲池"穴。穴前曲水端肃，皆宜正受，望曲水立向，此名曲水朝堂。缠青龙，绕玄武，前后左右紧抱拱秀，乃大地也。赋云："为官清贵，多因水绕青龙；发福悠长，定是水缠玄武。"更兼曲水朝堂，云水回头，水法中之最吉者。凡曲池不宜太宽，宽则气恐荡而无归。玄武穴难向前正受，必有脱气失脉之患。若见宽大，必得支水兜架方妙。此势主出状元、宰辅，文翰飞声，三房并秀，百子千孙，富贵悠久。

曲水单缠格二

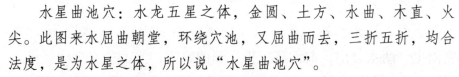

【评注】

水星曲池穴：水龙五星之体，金圆、土方、水曲、木直、火尖。此图来水屈曲朝堂，环绕穴池，又屈曲而去，三折五折，均合法度，是为水星之体，所以说"水星曲池穴"。

绕抱处如果太阔，穴向前取，虽承曲水之秀，但脱离龙体。若向后落穴，则无法承秀，均难立穴，所以说宜支水兜架。

【原文】 曲水单缠格三

凡是曲水左来朝堂，不疏不密，不牵不拽，折折齐整者，宜从曲水至处立穴。穴前一水横迎曲水合流者，须得小枝水插界于后，方能收曲水之秀。

【评注】

曲水单缠龙法合局，也为吉格。

中国传统术数总集 第一辑

曲水单缠格三

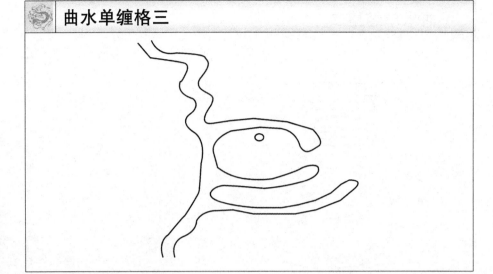

【原文】 两水夹缠格

　　两水夹缠，合流而出，来见之玄，去见屈曲，局内紧拱，不宽不荡，不必枝水界割成形，只要中间界割束腰收气，则穴法自然完固也。两水合出，前面三五折，屈曲整肃，当面曲水立向，虽是顺水，而不至于直流直去，则亦不嫌于顺局也。龙尽气钟，而更得外堂曲水有情，明堂内如织女抛梭，节节兜乘，则水虽去而气自固也。主发文翰清贵，仕而无资。若局山宽大，更得枝水兜插成局，而得水潴，更有回头砂包裹穴场，亦能发财，贵而又富。

【评注】

　　虽两水夹缠，环绕有情，但穴前无水聚，水为财，是财不聚，所以说清贵。若穴前得水聚，则是富贵双全。

　　详析此局，虽两水夹缠，略有束气，但两水呈八字形，去水屈曲向外荡去，龙气已泄。虽初运能发，终为淫乱飘荡破家，并非完美之局。

　　大凡两水夹送，至穴前合襟而去，名元辰水流出，即使水外有山横拦，有水横合，亦主初年不利。若无山拦水阻，是元辰泄，亦非真地。

两水夹缠格

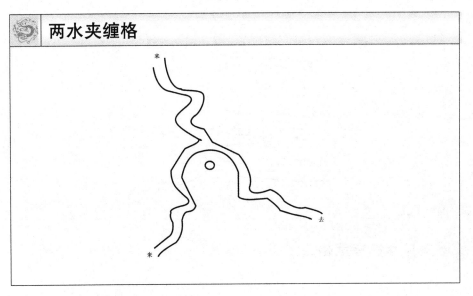

【原文】水缠玄武格一

局前大水聚于明堂，从东南横架过右，抱身缠绕于玄武，三曲四曲而去，砂水反关于坐下，其秀在穴后，法当向曲水立向。然前有曲水，明堂流神自南而绕，亦可就水来处立向，富贵两美。但聚水在前，秀水在后，先富后贵。若来水自北而南，福力尤重，代代出魁元，只要曲水包裹整齐。水缠玄武格牵拽，便不发秀也。左缠发长，右缠发小、中房。福力悠长，大旺人丁。

【评注】

聚水主富，秀水主贵。此局如果朝聚水立向，是聚水在前，秀水在后，所以说"先富后贵"。若朝秀水立向，是秀水在前，聚水在后，主先贵后富。

此局去水三折，若朝聚水立向，是折水在穴后，穴后名玄武之方，所以说"水缠玄武格"。

水缠玄武格一

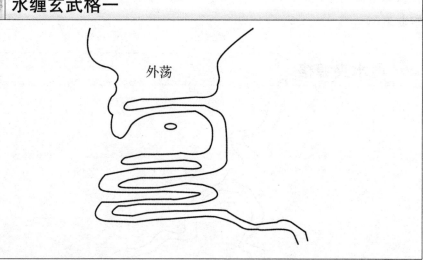

外荡

【原文】水缠玄武格二

前有曲水三四折，远远朝来；就身兜抱局后缠玄武而去，人路得咽结处束气紧密，发福悠长，富贵双全，人丁繁盛，虽二三百年不衰。

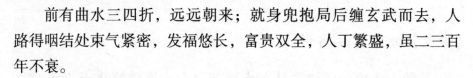

水缠玄武格二

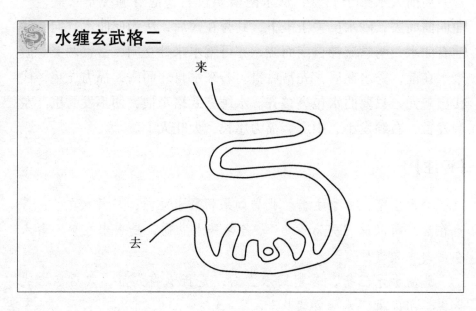

来

去

【评注】

此图左右龙虎砂水三层，重重环抱，右护卫有情，前朝秀丽，后缠有力，气固形美，所以说富贵双全，发福悠长。

【原文】水缠玄武格三

曲水当面朝来，不厚不薄，折折整齐，或左右就身环抱，从玄武缠回而去，此势极秀。若圆抱紧夹，不宽不狭，法当凑前曲水中立穴。若就身环抱，宽大深长，则凑前立穴，恐真气劫泄于后，虽得亲就曲水，而真气脱穴，亦不发福。即当于曲水后求枝水兜插在于何处，若兜插中间，宜立中穴。兜插于后面玄武前，宜立穴坐玄武水，作回受穴。只要穴前望得曲水，虽远如在目前乃妙。如局内别无枝水插界，须以人力为之，无使真气劫泄脱气，但要迎受得秀水著耳。经云："曲水朝堂，秀而可穴；缠护紧密，凑近迎扦。若还宽大，发福必迟。"

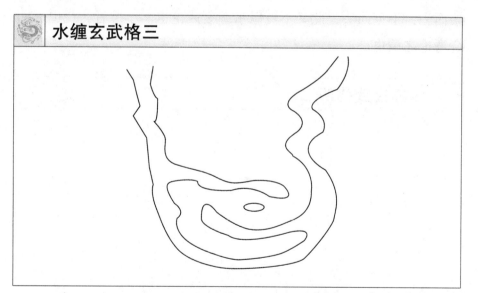

水缠玄武格三

【评注】

来水就身环抱，宽大深长。若凑前曲水立穴，则脱穴后龙脉之气；若就脉立穴，则难呈曲水之秀。此局最喜支水插界，若无支水，则形宽气荡，真气一时不能凝聚，所以说"发福必迟"。

【原文】水缠玄武格四

凡回受穴，多是水缠玄武，伪师云"坐空割背"者妄也。只要天源流水从东向西，左右得枝水插腹，要重包裹，割界结咽，与天分合清奇，其福力亦大。若从右边来，绕玄武出东南去，比绕青龙者稍轻。顺龙不如逆龙，以水向东流者常也，嫌于顺水。若从西南向北转，绕向南而出东南，穴向朝西，上图水缠玄武格得水绕玄武，其福力与绕青龙缠玄武相同，以逆势也，百子千孙，富贵三百年不衰。前有朝阳，邀幸其秀尤美，朱紫满堂。凡玄武水缠，须得数百步之外便弯抱拱夹，仰折而去，方显正格。若向前滔滔横架而去，不见回头，此又不可以水缠玄武论也。小缠者，绕也，回绕弯抱之谓也。

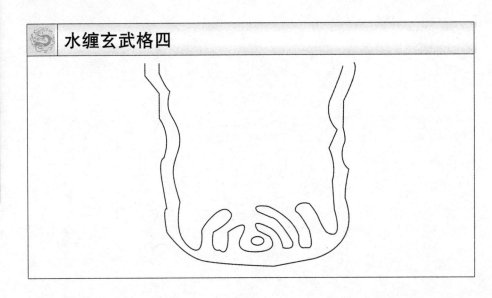

水缠玄武格四

【原文】顺水界抱格一

一片大砂，周围四水团聚，中间却插一枝水，屈曲直至大砂中腹，或分作两路割界于左右，裁成龙虎砂，紧夹于穴前，蓄成一河荡，或五六亩，十数亩，涵聚于穴前。虽元辰向穴前出去，然得屈曲如之玄，不见直流，又得聚蓄不泄，则其形势尤佳，不可以元辰水直出而弃之也。亦主发福一二纪，财禄亦不甚厚，人丁虽盛而不秀，小贵而已。河荡中得一砂盖过，不见前水去，乃为可贵。如无小砂盖过，三四十年便见退败。

【评注】

砂指穴场前后左右的山。此图面向湖荡立穴，然荡前元辰水直流而去，虽水聚成荡，终嫌直泄龙气，所以说财禄不甚厚，三四十年便见退败。然此图穴前有两小砂为案山，遮挡穴前，在穴场看不见直泄之水，贵气仍聚，形局不破，所以说不能看见元辰水直出就说不好，此局仍主富贵悠长。

荡

顺水界抱格一

【原文】顺水界抱格二

此势与前局同，但无蓄聚水涵于前。明堂无聚水，却得前面枝水到堂，三四折如织、如抛梭，东西包裹，砂头双双抱护，虽无蓄水，因其曲秀，反主发贵，丁财亦盛。

【评注】

这个图与前面的图不一样，前图穴前水聚成荡，且有案山、朝山，以势来论，前图胜于此图。但前图元辰水直泄而去，全靠案山遮挡，方有富贵，外局终是不美。此图虽无蓄水，但元辰之水屈曲而去，眷恋有情，且东西护砂包裹，局固形秀。上局水直

顺水界抱格二

泻，此局水曲流，一直一曲，所以说此局虽无蓄荡，反胜前局。这说明风水主要讲的龙脉有情。

【原文】顺水曲钩格

曲水垂勾有两势。有曲水横来到头，却于尽处仰上作勾如钩。有曲水直来到头，却于尽处作抱水勾势。此二势俱可立穴，但要水来屈曲，不疏不密，不牵不拽，折折整齐，或迎曲水来处立向，或张曲水作朝，或垂勾尽处立穴，主少年魁元，奕世贵显，鼎盛一时，文章名誉。

顺水曲钩格

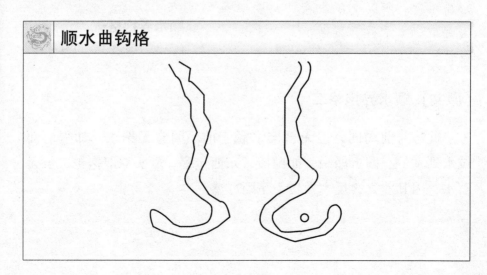

【评注】

大凡取穴，水至尽头，立向必兼顾他水，否则难以尽受龙气。

【原文】 曲水倒勾格

青龙有水，屈曲就身，抱缠玄武，回头顾我而去，此绕青龙、缠玄武势也。却于玄武插一枝水，转折直至腹中，作一挽水勾形穴之，亦能发福。穴前虽无吉秀砂水朝应，而水脉自坐穴后来，气脉完足，丁财极盛，贵而悠久，亦佳格也。

【评注】

此局水绕青龙，缠玄武，回环成钩，之玄而去。中间形局宽阔，龙气荡散。虽来水直硬，但穴后水屈曲有情，内气周密，所以说亦富贵。若内外之气皆散，却不能立穴，应细辨之。

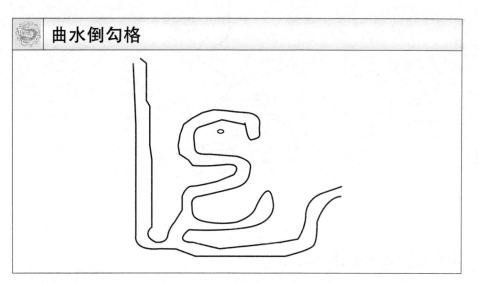

曲水倒勾格

【原文】 斩气迎朝格一

大江大河于前，或有大江远远屈曲而来，与大江横架水交会。

其交会之处，并无枝水收受，荡散龙脉，似难立穴。却于数百步之后，又有一水插界，中间有枝水插进腹中如勾，仰如掌。或勾左，或勾右，与曲水相对，虽远数百步，望之如在目前，即于此处斩脉立穴，以迎前朝曲水之秀，名斩气迎朝穴。亦主发二三代福力，但不悠久耳，以龙脉未尽故也。若得左右夹界重密，玄武水仰抱如弓，福力必大且久也。因朝远而不就，故发应迟，数十年后方发，发则暴而盛，以大江水大故也。

【评注】

龙气未止，但有穴场，斩截龙气而立穴，名曰斩气，与十二杖法中的截杖相似。斩关迎朝格，虽斩截得龙气，终因龙气未尽，气不完固，虽可发福，终难久长期。

斩气迎朝格一

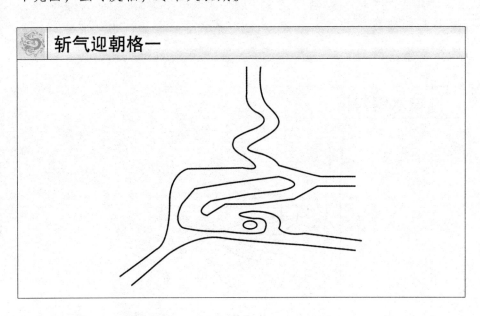

【原文】斩气迎朝格二

曲水远来，到结局竟横架而不见回头，此本入怀反跳之势，理无可取。然曲水三横四曲，折折整齐，不牵不拽不斜窜，其形势秀而可爱。若得有枝水横入秀水之后，弯抱如勾，本局又得枝水插入，于后仰兜如勾，其龙脉虽未歇止，却于交钮处斩气立穴，仰乘曲水之秀，亦能发福。曲水近在目前，只发二三十年。远在百步之外，三四十年始发。然终是曲水反跳，不得归元就身，富不过万金，贵不过三品，两代即衰。入籍他州，亦出魁元。

【评注】

水虽屈曲来朝，但离穴不远，即反身他去，名曰反跳。就像此图，虽两水夹抱成穴，但均是反身离去，其气脉不真，其用情不专，虽然也能发福，但是终久不久长远。如果穴场气聚，秀水近主目前发速。若穴场阔大，秀水较远，却主发迟。八籍他州者，秀水反跳而去故也。

斩气迎朝格二

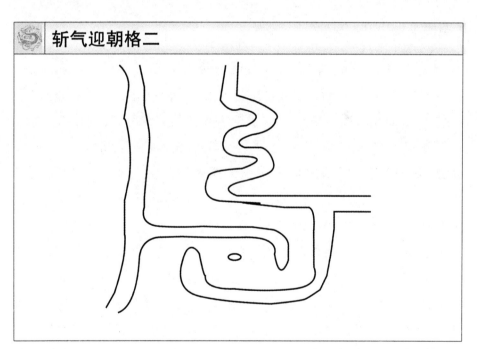

水龙经卷二

分　论

【原文】

曲水朝堂，从左转右，弯弯就身绕抱，却又得客水从东来缠，玄武与曲水合于局后，此亦两水来成势。而曲水之内，并无插架成穴，反于客水插一枝水，横架于曲水之后，乘受曲水之秀，所谓以李接桃，名曰"邀幸"。主移居易姓，或入赘婿过房发大贵；或远走他乡冒姓、冒籍发科甲；或于四夷边疆立功业；或文人立武业，武人立文业；或于他途立名者有之。然局势周密，结气完固，亦主人丁繁盛，累代不绝也。

凡远水幸秀，须得曲水当面朝堂，或倒左，或倒右。本局无枝水插界成形，却于他方外来插下割成金盘仰掌势，托于曲水之下，亦名幸秀。然穴后又得一枝水包承于玄武，与曲水合从作一路而去，则水口当以曲水为主。若后面外水不从与玄武曲水合流，则水口当从本穴枝水处论。去水屈曲回头，交锁织结，不至渗漏，方为大地。

凡水委曲来去，要朝抱就身，尤要弯环委曲，来要之玄，去要回头缠绕。此势穴前左来右抱就身，似为可穴。然形如之字，虽见屈曲，而势如搜索，斜曲不秀，谓之斜曲，来则可谓之朝堂，实非也。其右边去水虽见就身，札局不远，又反跳斜飞，更不回头顾家，则去水似是而非。其贴身左右枝水，纵裁割如画，穴之仅可暂发，不能悠久。若误认水玄如带，是得一而废百也。盖水城固要圆抱，而来去亦宜朝拱。书云："搜索曲而斜，此处莫安排。"又云："水若回头号顾家，水不顾家家必破。"观此而论，水之去来可例明也。

下湖荡一十余图，写尽聚砂之变态，可谓极巧穷工也。然据实推论，天生之巧，必不能及，此即于地脉正理，名墓之已验者，亦不必如是。凡池湖之格，其积水小者，一二三亩以至十数亩。形局端正者，或一水独专，或二三聚气，穴之得法，即可大发。丹阳贺氏祖穴，左右前三池，居中立穴是也。其地湖荡之大者，汪洋巨浸，不可以顷计。其法于大荡之涯，另有小曲水折人兜抱，乃以小水立穴为内气，借大荡旺神为外气，其富贵亦不可限量，江西紫溪刘氏仙姑坛祖穴是也。只此二法，已足尽湖荡作法之妙，不必按图索骥，刻舟求剑也。

辛酉初秋　刘氏记。

【原文】 湖荡聚砂格一

大湖大荡数千倾，于中间突起二三片。大者数百亩，小者五六十亩，团聚拱夹，面面相顾，洲角兜收，双双回顾，如众马之聚食于槽者，然即于中间审认何砂端正尊严，有无枝水界割成局。中间如有界割枝水结咽、分合，件件明白，的有明证，便看明堂左右朝抱如何，若朝抱有情，荡水收进，蓄于穴前作内明堂。局前更有远砂盖照，湖荡虽大，而局前视之不觉宽阔荡散，垣局周密，乃大地也。穴之主富堪敌国，贵并王侯。以湖荡中精神独擅，而人不得分受之故也。并以砂水朝揖之多寡，而定世代之远近，朝拱之砂愈多愈妙。

 湖荡聚砂格一

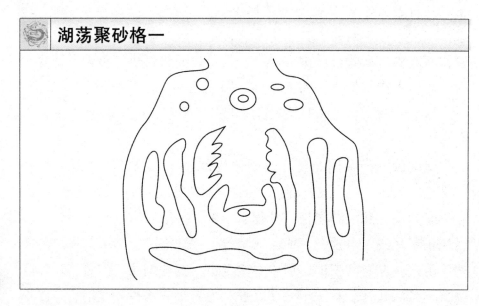

【评注】

此大湖大荡之中，以湖荡中洲砂取穴之法。若湖荡中一砂孤露，左右无砂拱卫，前面近无案砂，远无朝山，后亦无砂山拱托，是为孤寒，虽居水中，但龙气荡散，不能立穴。若众妙环聚，湖荡虽阔大，站在穴前视之，不觉宽荡；众砂护卫，诸水割界，前有小砂作案山遮挡，形固气聚，方为大地。如此局，后有长砂拱托，左右龙虎重重护卫，前有印砂作案，龙真穴的，独幸湖荡内气精神，所以说富贵双全。

【原文】湖荡聚砂格二

河泊之穴，都有群砂团簇，或远或近，四顾朝应。中有一砂端肃整严，中处望之，左右前后各有长砂抱之，双双回头顾穴，如大将之坐营，而众军之执戟屯列也；如官之坐堂，而吏卒之排衙唱喏也。四畔俱系湖荡，相去或架半里、一里，视远若近，而群砂纷纷拱卫，如在目前，如拜如俯，如揖如伏，整齐端肃。而坐穴有横砂架拦于后，不致渗漏，如此形势，主立伯分茅，富堪敌国，子孙众多，尤福悠久。更主子孙孝义，世出忠良。

湖荡聚砂格二

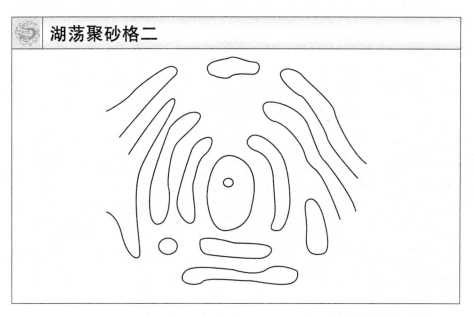

【原文】 湖荡聚砂格三

洲泊河荡之处，一望无际。中间或有小砂数十块，或数百块，大则五七亩，小则二三亩，或庐间草渚团簇于一处，却于中间看，内有大砂，或十亩、二十亩，得枝水插界，紧身包抱。左右小砂，或长或短，簇拥团聚，如蜂之从王，双双回头向拱。小砂交钮，如练之联属，重重叠叠，不见穿漏，坐下近局有横砂拦阻于后。穴前小砂点点，如鸥之浮水，横列如排班，倚立如衙唶，直列如乱萝倒毂，团列如屯军集塞，有此形势，主威震边疆，或为统军大将，或割据一方，或分茅立伯。若前有倒旗反砂，主出强梁之人。

【评注】

小阜或土或石，杂列于平野与诸大山相接处，相间错杂，有若屯军之状龙真穴的，主统兵率将，以武取贵。

湖荡聚砂格三

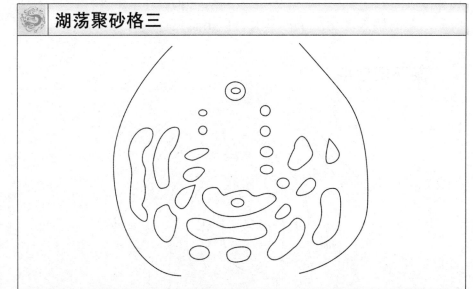

【原文】湖荡聚砂格四

荡泊之处，多有吉穴。如波心荡月，如雁落平砂，又如浮鸥点水，审而穴之，无不发福。

湖荡聚砂格四

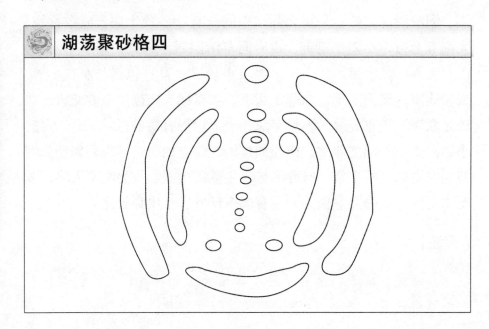

【评注】

"波心荡月，雁落平砂，浮鸥点水"等是喝形取象。喝形是对初学者使用的入门方法。形象之法，只能有时偶合，不可固执认为一定要如此。"如穴砂前后左右有小砂点点，浮出水面，其形就如"浮鸥点水"。如果穴砂呈弯月形，则就是"波心荡月"了。

【原文】湖荡聚砂格五

凡群砂朝供有五势。有穴聚水，远砂朝应者；有水聚明堂，近砂夹辅而远砂拱卫者；有本身绵长，直出湖荡，外砂远应者；有湖荡中群砂围绕，自相辐辏者；有群砂内聚，而外有大砂包乘者；皆大地也。此局水聚明堂，得近身砂衬贴。前有湖荡，而远砂拱夹，外砂拱水，外水夹砂，其局势更妙。更得穴前或远或近有砂呈秀，富贵极大。若左右夹拱虽多，前面无砂作应，则堂空无物，富而不显。

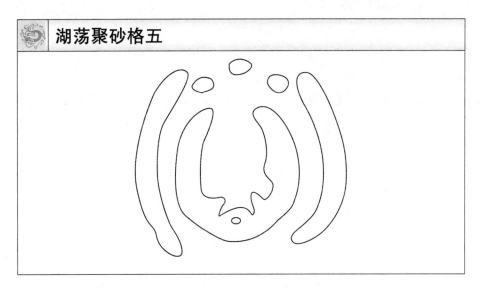

湖荡聚砂格五

【评注】

穴砂之前有小砂相应，称作案砂或案山。有案砂的好处是使明堂气聚，贵气不失。如果前无案砂相应，虽明堂宽阔，但生气荡散，仅有水潴财旺，所以说"富而不显"。然此局虽二重龙虎护穴，前有案砂，惜穴后无砂横拦，居于湖中，恐真气渗漏，亦难全吉。若湖岸后有山拱托，不以此论。

【原文】湖荡聚砂格六

双踢球势，一名鸳鸯钩。内张河荡，左右两砂相顾，中通过穴，双双回头。若内蓄水直长，须得盖砂护覆，不见明堂，水直长方妙。左右两砂各自结穴，故曰鸳鸯垂钩势。其形如皮刀，靴嘴，当就弯处扦之，转身向上方有力。若倒扦之，则不发秀也。此地主科甲联芳，但初必先因财致贵，或纳粟奏名，后发文翰，贵至腰金，官官相见。左穴先发次房，右穴先发长房。多生孝悌忠信子孙，繁盛悠久。若扦穴太进，则气散而不收，难以发贵，两穴同断。

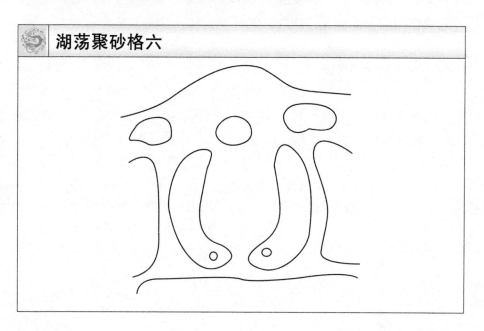

湖荡聚砂格六

【评注】

穴场要收拾得好水好山也。所以说点穴之法，但看眼前有好山好水，迎接得入穴场，不可错过，使消受不得，若虽有奇山秀水，而穴场受用不着，便非真穴，必不发福。其能张山食水，迎接得山水者，必易发福。此为迎清挹秀之法，即迎官就禄之意，以定穴也。

纳粟奏名：此局水虽聚但不秀，水聚主财聚，不秀则不贵，须以财买官，方能发贵，所以说"纳粟奏名"。

【原文】湖荡聚砂格七

砂形勾踢如马蹄、如靴头、如皮刀口，客砂包缠于座下，穴前蓄聚来水成湖，一水单缠玄武左转，两砂自相包裹，垣局完固，并无水割，亦大地也。水自右来，穴宜右迎。堂局端正，不觉斜倒，穴宜正受湖泽方佳，虽无盖砂照应亦吉。若聚紧水直长，必得水中小砂照顾为美，盖明堂水喜横长如兜，不宜如竹也，主富而且贵，子孙代代荣显。若玄武水倒缠入明堂，竟向前而去，穴宜横受方吉。下图亦名踢球势。

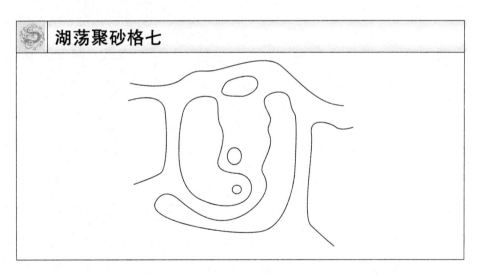

湖荡聚砂格七

【评注】

水自右来，穴宜右迎，是下逆水局，以迎来水秀气之力。此局两砂自相包裹，若对长砂立向，堂局过狭，砂逼太紧。宜向湖荡立穴，前有朝案，左右包裹，形局完固，所以说亦大地。此穴立法，即司马头陀的"衡平"之法"取其气盛钟于一头"之意。

【原文】荡聚砂格八

积水灌堂，聚蓄成湖，或一二顷，或八九十亩，却于穴左右起砂，条条夹身，逆水插出护卫。区穴或四五重、六七重，双双回头朝拱，形如勒马，其力量最重，是大地也。世人或以后龙散漫，过峡束气不清而弃之，误也。

湖荡聚砂格八

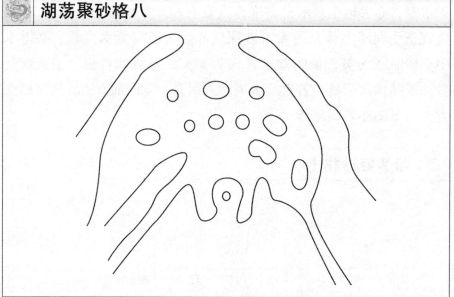

【评注】

过峡即龙脉跌断之处，跌断后龙脉复现，叫过峡。过峡的过程，就是来龙由粗变细，有老变嫩，由刚变柔，由直硬变屈曲的过程，即龙脉之剥换的过程。过峡有吉有凶，有迎有送，护卫周密为吉。若被风吹散，护砂形恶，孤露残伤，粗蠢懒散，便为不吉。

秘传水龙经

中国传统术数总集 第一辑

【原文】湖荡聚砂格九

湘汉之间，及浙直等处，地最低薄。古时开辟田地，多是填低就高，各因砂汰以成田，所以说多小砂攒聚成势之穴。然都大小不均，横斜不整，零散而团簇者少。凡是此等地面，亦有结穴者，须要随砂详看。砂头朝向何地，若攒簇整齐，不疏不密，便去群砂之中，寻得中立之砂，四顾有砂包裹，不见露风，藏聚含蓄，此地极佳。主百子千孙，富贵悠久，朱紫满庭之应。其穴向当视小砂中处之向，内得正面迎受方美。若小砂多而大砂远抱，终恐近身穿漏，必穴砂左右有贴身金鱼水紧抱，以护漏风，则气益固也。

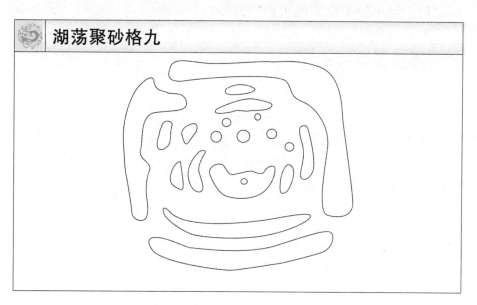

湖荡聚砂格九

【评注】

穴后砂远，不能紧抱穴场，形局不能完固，龙气不能凝聚，所以说漏风。若穴后有长砂护卫，或金鱼水缠绕紧抱，则形局完固，不以漏论。又有漏道一说，穴后之水，分出枝流而去者是。

【原文】 湖荡聚砂格十

　　湖泊之处，多有小砂。或二三十块，或一二亩、五六亩，困簇抱聚，中间包含湖荡，其砂点点，印于水面，若浮鸥泛水。小砂之外，却有长砂，周围包裹小砂于其中，左右前后，不见水穿漏。而外有大砂、长砂，角角包裹，不见渗漏，方成局势。却于中间小砂，认出一中砂，头面端正整肃，而前后左右小砂虽零散，而实朝头攒簇拥护，不远不近，不疏不密，其外面更得大砂弯抱，周密完固者，正大局也，其力量雄盛，诚大贵之地。若中间虽有小砂，而不得湖荡含蓄，其秀不显露，虽发贵而财富不甚厚，主出文翰词林之贵，但小砂不要如鹅头鸭项方妙。

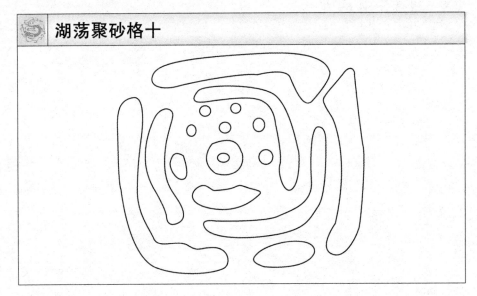

湖荡聚砂格十

【评注】

　　鹅头、鸭项：此言环抱穴砂的小砂之形，宜方正圆净，如拱如揖，忌其形似鹅头、鸭项，主妇女淫荡或为娼妓。经云："鹅儿头，鸭儿头，女儿媳妇上秦楼。"

鹅头　鸭颈

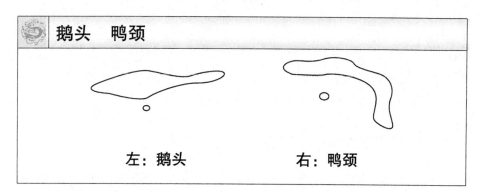

左：鹅头　　　　　右：鸭颈

【原文】湖溺聚砂格

前后各有长砂横架，左右有直砂包乘，中间却得小横砂，或三四亩、七八亩，并无枝水插界，藏于众砂之中。左右直砂，角角回头，勾搭包抱。左右前后，水虽四穿八达，穴中视之，毫无渗漏，正如车轮之凑合，团簇周密，众砂归向，不敢反背，则真气聚也。凡有地先看左右前后，朝向何处。若双双回头向于内，即于中间寻中正不倚，或大或小处求之。若有反背砂，或向内，或向外，或反跳，即非真气所聚之处，不必求穴。全在目力之精，心思之巧，体察其情，实见得甚真，方元挂漏也。

湖溺聚砂格

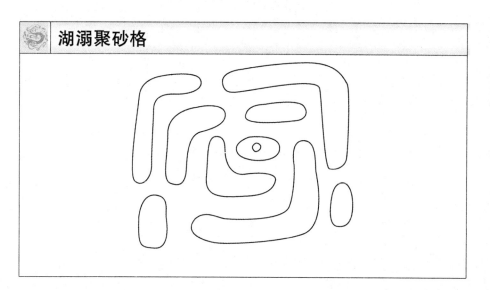

【评注】

　　砂抱即是水绕，水环即是砂向。若局中有一水反流，即是砂反，则龙气走泄，乃伪穴也。

【原文】湖荡聚砂格双盘龙势一

　　砂水团云，势有双盘龙、单盘龙。结穴须砂水围绕，甩旋委曲，如云之围绕，方成盘结，而气聚不散也。若无委曲盘旋之势，虽回头朝应，非盘龙结也。此势双盘，而左右客砂重重盘曲旋绕，如云之护日。凡盘龙结穴，多结在局中，必得蓄水于内明堂，或小砂照应方佳。得此形局，发福最悠久，以盘龙之地，无风吹水破之患故也。虽穴不尽真，纵不大发，亦不大败，房分均匀，贵而不骄，富而不吝，男女贞洁，风声可爱，子孙守节而不滥，或有被征召而不仕者，皆气脉潜藏之应也。

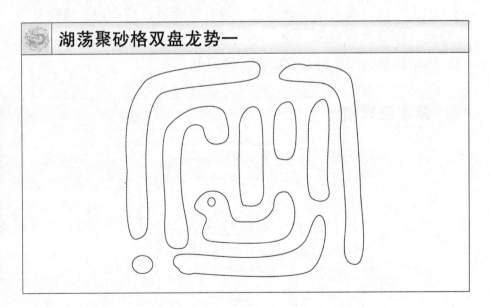

湖荡聚砂格双盘龙势一

【评注】

　　穴砂虽呈弯弓抱月之势，但正面有砂直冲穴砂中心，所以说不能于砂中立穴。立于砂头突出之处，以承对面环砂回顾之秀，诗云："蟠龙须要下龙头"者是。因此局穴砂深藏众砂包裹之中，所以说"气脉潜藏"。

【原文】湖荡聚砂格双盘龙势二

凡砂水团云，势多结盘龙穴。一条水入，一条水出，周围盘结，皆在局中。结穴处须要水宽，聚成湖泽，其中涵得气脉溶活方妙，不然成裹头城也。裹头名巾帼水，穴气窘逼，不得流通，反成绝地。经云"山囚水囚，房主灭仆"，盖其义也。此图穴前湖泽汪洋，紧而不迫，穴之自能发福，子孙悠久，更出人孝悌，性巧聪明，或于巧艺中成名发财，以龙来秀曲也。

湖荡聚砂格双盘龙势二

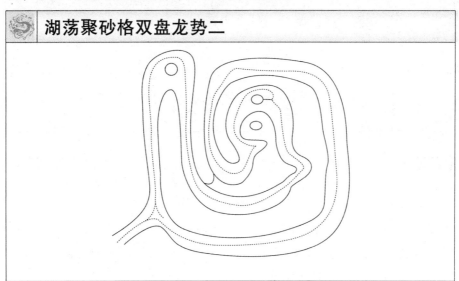

【评注】

裹头城水龙弱孤寒，穴无余气，所以说水贴脚洗割周回而裹头，又名巾帼水。其水紧挨穴场冲刷，龙脉被其水冲泄削弱，主子孙贫困受孤寒。如果水绕穴场，离穴星较远，却名金城水，反主富贵，二者差之毫厘，贵贱大异。

中国传统术数总集·第一辑

【原文】界水外抱格

此势龙虎重重朝抱局前，弯抱如弓，此形势之美者。然穴前左右砂角硬直无情，外形可观，内形似觉碍相，不可以硬直而弃之也。赋云："内直外勾，尽可剪裁。"以工力掘去直指，使成弯势开掊，亦大地也。

界水外抱格

【评注】

此言人工修补剪裁之法。外形虽美，内形直硬，或略有背反，可用人工截去硬直背反部分，使内形亦臻完美，此乃巧夺天工，另取造化，仍以穴真龙的论。

如常山詹氏祖地此地在常山西南二十里，其龙来历甚远，不详述。将入局开大帐，帐中落脉，连起贪狼数峰，磊落穿田过

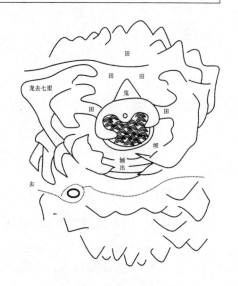

常山詹氏祖地

峡结穴后，余气山又穿田去七、八里，而皆回转为下关水口诸砂，后乐高障，前朝清秀，罗城重叠，水口交固，罗星镇塞。但明堂倾出，水不融聚，筑坝为大塘，聚水于穴前，此作法之善也。葬后科甲不断，人文济济。

【原文】界水前抱格

此势局前支水插入包抱，左右砂气紧拱，似乎有情。然湖荡在坐下，砂角双双飞散，则前气虽收，后气不蓄。前为外气，后为内气，外实内虚。此等地仅发小财，终无大福，官贵绝响，人丁亦稀。刘氏曰：前为外气，后为内气，二语得人穴骨髓。

界水前抱格

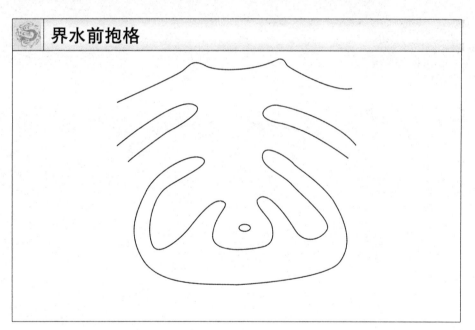

【评注】

大凡立穴，坐下即龙脉主体，龙气直入穴体曰内气；穴前为朝案，仅收其秀气，龙气终不能得，曰外气。亦有以气行地中为内气，地显出外水者，为外气，此另法，非此局所云。

【原文】腰带水

腰带水左右斫下，紧夹包裹，其水城形势，收界龙气有力，经云"界水所以止来龙"。若大水横界，而左右不就身环抱，亦不为妙。书云："水随左右斫，穴看左右铎。"今局内紧身金鱼水分合上前，回头拱抱，后有结咽，前有包乘，砂回水就，诚美势也。书云"砂要回头水要就"，又云"好水弯环巧如带"。此势局前水环抱如带，实水法之最佳者。当面若有小反亦不为害，可以人力改圆，或内堂左右各开腮水插进作内荡，则不见其反也。此种地三房俱发，福力悠久，数世不替也。

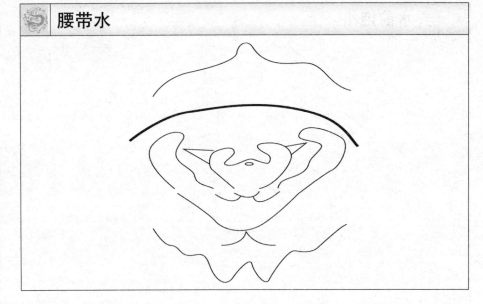

腰带水

【评注】

腰带水来水环绕如抱，就像腰带一样环绕穴场，即金城水，最吉。卜氏云："水不乱弯，弯则气全。"这样的水使龙气保全不泄，生气凝聚完固，所以说主大富大贵。但不可以裹头水误为腰带水。

【原文】—水横栏格—

书云："穴看左右铎，水看左右矿。三阳看城郭，明堂看四角。"此格穴前水环抱如弓如带，或从左来贴身，或从右来贴身，紧夹兜收，并无涣散。中间虽无枝水插界，气亦完固。若或宽大，必须枝水收聚，得此形势穴之，主发福悠久。若局前更有曲水，或远或近，悠悠扬扬，朝揖于前，不问左来右来，俱为秀局，主翰苑声名之应。左秀倚左发长，右秀倚右发小，左右均平，则三房均发。

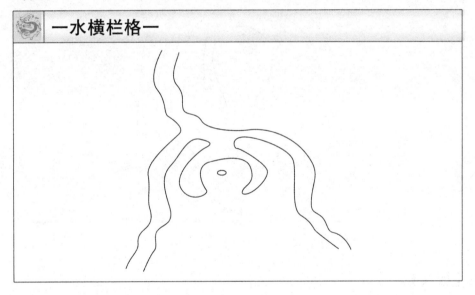

—水横栏格—

【评注】

曾文遄认为："明堂为内阳，案山为中阳，朝山为外阳，合称为三阳。"

【原文】一水横栏格二

经云："好水如弓上弦，好砂如僧入定。"言水宜其弯抱，砂欲其端严之意。又云："水要弯环玉带形，抱身回绕坐专城。"又

云："外水如带。内永如勾，气脉完固，立伯封侯。"《碎金赋》
云："砂要裹砂穴不破，水要缠身气自全。"若外形如带而内直长，
不能勾向于内，此似是而实非，所谓来不结咽真气散也。此势局
前界水弯抱如满月形，左右水又就身回抱，外堂垣局周密，坐下
左右环拱，勾折结咽，前合流分水砂还气朝顾有情，穴之主百子
千孙，福禄悠长，真大格局也。

一水横栏格二

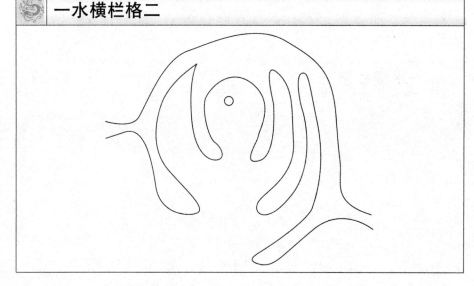

【原文】

此亦类湖荡聚砂格。而本身穴后界水多，内气足，与一片平
坡者不同。

【评注】

此图湖荡中诸砂云集，千姿百态，各有其势，然取穴只取其
环抱有情处。

【原文】流神聚水格一

此势水聚明堂，两水夹拱于左右，与前横水合流，或过左，或过右，只通一路出去。穴前水蓄聚成荡，于垣城联珠，串作内明堂，龙虎重重拱抱，亦大地也。局前虽朝阳拜揖，只要下砂逆水，插得紧密，似不容水神流去，则精神凝聚，而不减于众水朝堂局也。仕而多资，但科第不获名魁，仅可腰金，以穴前无秀朝揖拱故也。内外堂有三两重关锁，亦主三四十纪福力，二三代荣华，子孙满堂。过二纪后，贵虽不大而财禄丰肥，因水静专而不荡泄，故悠久耳。

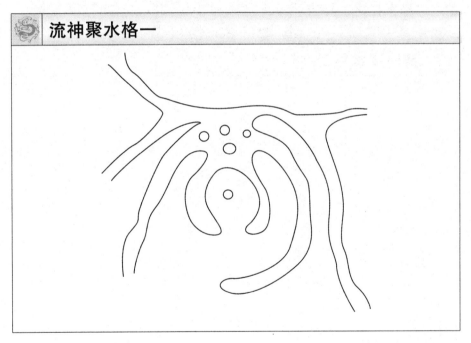

流神聚水格一

【评注】

此图穴被砂水包裹，内气完固。然穴前虽水聚成荡，仅有数小砂朝揖，似嫌空荡，终有渗漏之病。再加去水反跳，均是外气不足之象，所以虽贵不显。水主财，于穴前聚汇成荡，精神十足，所以说"财禄丰肥"。

【原文】流神聚水格二

元辰水从穴后分开左右两路，随龙向穴（此十六字原书无，现据其他版本补入）前合襟，当穴前而出，却聚成一河荡，左右砂角双双朝抱，湖荡中间小砂或圆、或方、或长，横浮水面，交锁关拦。亦不见水口冲射。虽是元辰水向穴出流，而聚蓄汪洋，与元辰直出之势大相悬绝，主大富大贵，福力悠久。若穴前湖荡中无砂角拦截，亦不为害。只要左右砂嘴左右拱抱为佳，不可以元辰水直流指为顺水也。赋云"元辰当心直出，未可言凶"，只要湖荡蓄之，横案拦之，乃吉。

流神聚水格二

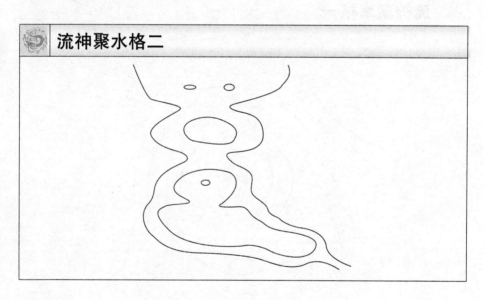

【评注】

此言水口砂，即水流去处的两岸之砂山及水中之砂山，切不可空缺，令水直去。砂山宜周密稠叠，交结关锁，狭而塞，高而拱；或两边相结，犬牙交错；或峙立高峰，悬崖峭壁；或水中异石，挺然中立；或左右高山对峙，如狮象旗鼓；或排列如布阵屯兵，或横障如列仓守固，或把截如武夫之于城，或簇集如将兵之拱卫，重重叠叠，不计其数，迢迢迂回，至于数十里者，为水口之至美。经云："关门若有千重锁，定有王侯居此间。"如果水口山势走窜，或一节低一节，一重远一重，一砂小一砂，是水口旷阔无关，此方旺气便随水流飘散，龙神亦随水而去，则不能结穴。纵使龙真穴的，亦发福不久，终致贫困萧条。此言水口之砂最关利害者也。

【原文】流神聚水格三

十八格惟水聚堂为第一，盖水为财禄富贵之枢机。故水神涣散，无所收拾者，不惟不发，亦主败绝。是以古人论水，不曰荡然直去，则曰水无关拦，务得局前水聚蓄方为吉壤。此势左右砂头朝抱，而前又见众水朝流，聚注成荡，只通一路，或缠玄武，或过青龙。此来多去少，所谓朝于大旺，泽于将衰，潴而后泄之势也。垣局周密，众水聚堂，成十全之大地，主百子千孙，朱紫满堂，成三四十纪之福，长中幼三房并发。但荡不宜太宽，则众人之水，非我一垣之水，情不专则发福亦不专也。

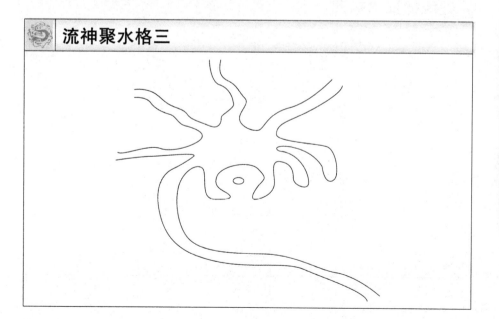

流神聚水格三

【评注】

此图诸水注入堂前湖荡，名诸水朝堂，为水格中最吉之局。若堂前无湖荡而为一横河，则为众水撞城，反为凶格。三房皆发者，左中右三方皆有水朝入者是。

【原文】流神聚水格四

凡是两水夹来，随龙交合于局前，其水多从明堂前直去，人皆指为顺水地、顺水龙。岂知结地，水未有不向前去者，只要去得屈曲，不见直去，亦为吉势，局前亦宜蓄水，不至径去为贵耳。盖潴而复流，积而后泄，虽去亦不害其吉也。若局前无池沼蓄积，则其去水无交钮，向前直去，所忌者惟此耳。若三横四曲，顾我后流，悠扬眷恋，似不忍去，此正为顾我水也。前顾我者，其发近而速；后顾我者，其发远而迟。其与过穴反出相去远甚，岂得以顺而弃之哉。

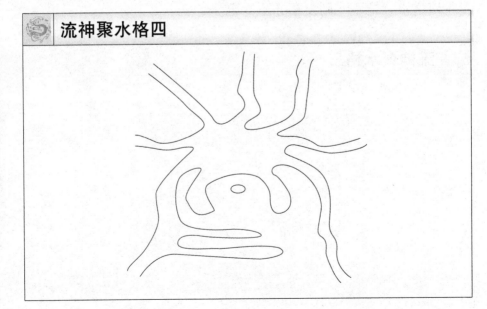

流神聚水格四

【评注】

两水从穴后流至穴前交汇成荡积蓄，而后又分数条流去。水来水去，乃自然之理，并非是泄，却有分别。若去水屈曲，回头顾我为有情，以吉论。若流水直泄，毫无回顾，则为泄气，虽有水聚，仍主先发后败，多以凶论。

以上数格，言诸水注聚于穴前，此水为水法中最吉者。吴公云："一潭深水注穴前，不见来源与去源，巨万赀财无足羡，贵入朝堂代有传。"所谓"山缠不如水缠，水缠不如水聚"者是。因水缠则气束，水聚则气聚也。若去水之玄，眷恋回顾尤妙。若去水直泄，是泄了龙气，虽可富贵，但终会败退，先吉后凶也。

【原文】 界水无情一

寻平地与山龙不同，只要水抱左右前后，委曲向内，就身围绕。凡直来硬逼，不顾堂局，大凶，虽支水勾弯亦不可穴。赋云："荡然直去无关拦，其内岂有真龙。"诀云"水能界生气"，弯曲回绕者，界生气水也；荡直不顾家者，散生气也。经云"生气尽从流水去"，正谓直水去也。一直如箭，略无回顾之情。若井字，若基格，虽有支水插界，似是而非，虽略发财，久之出人横暴忤逆，主流徒之患，贫败绝嗣，瘟疫自刎，皆刚硬之气所致。

【评注】

龙之法与山龙不同。大凡山龙，不类金木水火土五星，只要一星成形，皆为吉穴。水龙则只取金水土三形，木火二形皆凶，不取。因金圆、水曲、土方，均为水法所喜。而火为尖形，木为直形，不仅护不住生气，且有直硬尖刚冲射之患，所以说为穴法所弃。章仲山《心眼指要》云："山以曲动、开面、开口并有精光融取，秀嫩滋润之色为生；粗顽、硬直者为死。水以屈曲活动、旋转抱穴有情者为生；斜飞、反跳，形如木火者为死。"界水无情，来水撞城诸格，皆言水之木体、火体之凶。

界水无情一

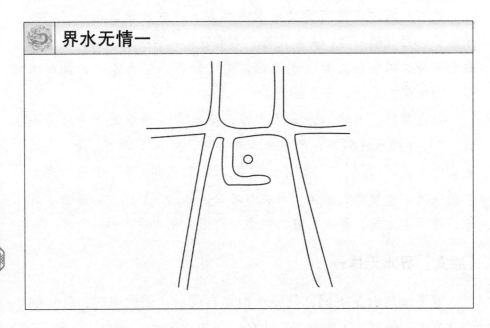

此图横水直硬，虽有二水夹护，中有支水插界，似成穴场，然诸水均直硬走泄，生气荡然无存，所以说难立穴。

【原文】界水无情二

《赤霆经》云："桌椅反张，手足握曳，败绝之藏。"又云："官不供职，鬼不还气，穴之，主父子分居，兄弟别离。"书云："砂分八字水斜流，田地不留蚯。"

【评注】

此图一水直横，两水兜回，中间阔荡，又有二支水割界回抱，使龙气聚集，看似有情。然众水直泻，毫无眷恋回顾，龙气尽散。若在此处立穴，主父子分居，兄弟离别，卖尽田地，漂流他乡，所以说"田地不留丘"。

界水无情二

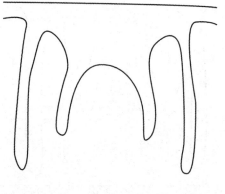

【原文】界水无情三

凡左右砂水，须朝抱回身向堂局，青龙如勒马，白虎似眠弓。书云："大地却如羊见犬，双双回头转。"如星之拱北，四面环绕。若龙直出无弯抱，形如推车为无情。书云"却如伸去推车形"，砂不回头，堂气即散。今龙虎直去，不见回头，明堂虽有聚水，而左右砂头直去，则水亦不含蓄，堂气不聚，穴气不顾。书云"龙虎所以卫区穴"，即不回头，其内焉有生气耶。虽内砂似勾，亦不足取，赋云"内勾外直枉劳心"。

【评注】

勒马意即左水要像勒马时回头一样，环抱穴场。弓平放地上，呈弯形，名眠弓。意即右水也要像弯弓一样环抱穴场。牧民放羊时，均以犬护。领头羊率着羊群奔走觅草，牧民须羊群返回时，便放犬追赶头羊，头羊见犬即返。亦言环抱护卫之水，须有回头顾穴之意。

界水无情三

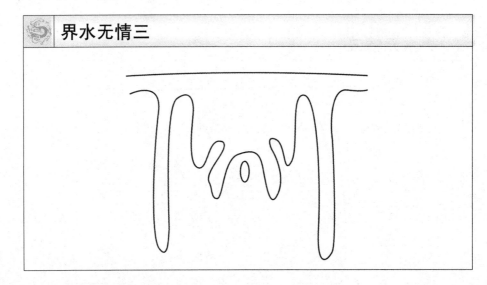

【原文】来水撞城一

穴前水弯抱如带，左右龙虎紧夹护送，形端局正，似为结地，向前明堂水更屈曲而来方妙。今向前有二三路水直冲穴前，为金吾箭来撞城，其祸最亟。书云："直则冲，曲则朝。"又云："一箭一男死，二箭二女死。"箭左损长，右损小，中损二，若斜冲，主子孙军徒。又曜杀方主刑戮，甚至绝嗣。凡穴前有此直水，或得池湖受之，或横案遮之，差能免祸。赋云："为人无后，多因水破天心。"

【评注】

穴前明堂正中处谓之天心。此处宜水融聚，叫做水聚天心，主贵显巨富。但此处水直射而入，或穿堂直过，叫做水破天心。穿茔过，主财不聚，人丁稀；直冲穿射者，主财散人微，重则绝嗣。赋云"人无子，只因水破天心"者是。所以说天心之水宜聚不宜散，宜弯不宜直。此局正中一水直冲而来，虽前有水横拦，亦名水破天心，但其灾略轻。

来水撞城一

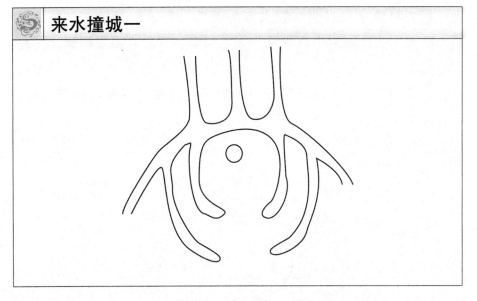

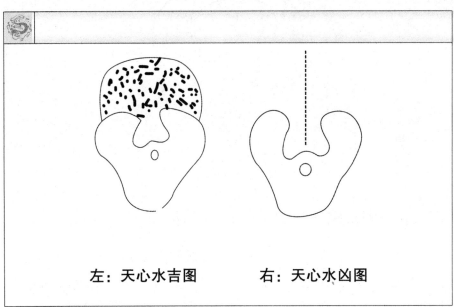

左：天心水吉图　　　右：天心水凶图

【原文】来水撞城二

水或左来，夹身从右斫下；或右来，夹身从左斫下。穴前水如弓如带，左右又有支水合界，拱夹两旁，其大段形势，似乎聚气可观，然必明堂左右有曲水朝来方为美地。今局前虽来水，其直如箭，略无屈曲，则穴中真气又为来水射破，穴之者虽发财禄，子孙必遭徒配。若左来右去，右来左去，或左右俱来穴前，分作两股流出，直出如箭，更无池河收蓄，尤为不美。败家绝嗣，往往由此，学者慎之。

来水撞城二

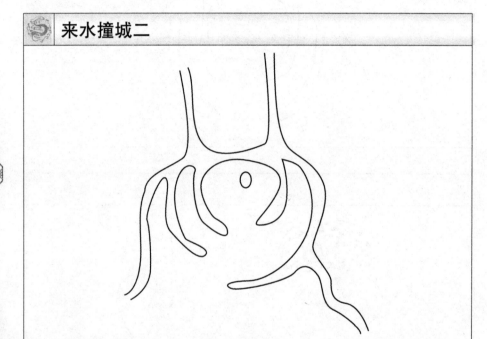

【原文】水城反跳一

凡真气所聚，砂水必然归向，砂则如拜如揖，回头如勒马俯伏，如眠弓；水则如之玄缠绕顾家，《青乌经》云"扬扬悠悠，顾我欲留"也。若左来而右反去，右来而左反去；或前来而后反去，后来而前反去；或前来如倒书人字，后来如顺书人字，源头水尾并无兜收勾回之势，名为四反。主人忤逆，小则劫掠，大则叛逆。左反主男逃为盗，右反主女妇背夫，前反主瘟疫，后反主火盗，四反主灭族刑宪，不可以四水交流而穴之也。

水城反跳一

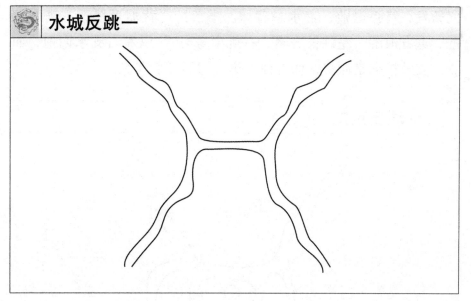

【评注】

　　砂水必然归向，是言龙之所止。凡龙之将止，左右护从之山，则只只齐止，左右回拦，如拱如揖；前朝之山，则迢迢远来，止于穴前，如拜如伏；绕送之水，则合襟于穴前，如舞如拜；诸山成止，诸水成聚，山向穴开面，水向穴缠绕，此即砂水归向之意。如此山水大会之处，必有真龙融结。若山势反窜直硬，水势峻急不环，甚而反跳者，均龙未止之处，真气不聚，必不结穴。若强扦之，必主凶祸。

　　穴场公位：左为男位，所以说左水反逃，主男漂流在外。右为女位，右水若背反，主女背夫。

【原文】水城反跳二

　　水来去须环抱夹拱，则力聚结穴。抱东则气聚于东，抱西则气聚于西。经云："界水所以止来龙，弯抱所以聚穴气。"此穴前水反圈，如仰瓦，如反弓，左右不就身斫下，反跳斜飞，情系抱前而不夹后。左右虽支水夹护，情不在后，势虽迎气，气实不聚，穴之暂发，终必退败，盖水忌背城。书云："背城反跳，主逃盗编配，远方浪游。左跳长房当，右跳小房当。"以左右支水回抱，而正穴支外拱夹是假势，而外面走窜，切不可下穴。

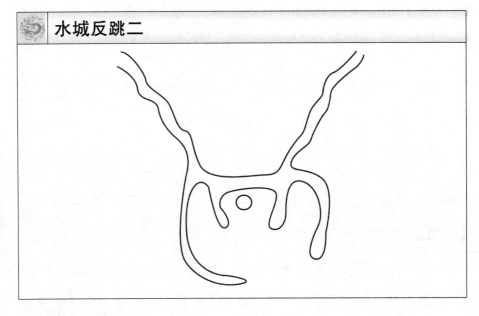

水城反跳二

【评注】

两水在穴前呈八字形流出，毫无回环之势，是与穴无情。虽来水龙虎重抱，内气似乎甚固，但外气走泄殆尽，实为假穴。若扦此地，初虽略发，终会败绝。

【原文】曲水斜飞

凡水界龙来，宜就身贴体，过穴而斜飞，为斜流，以其不卫穴也。过穴而反跳为跳，以其不就身斫下以卫穴，却于穴前反跳而去，无屈曲回头朝顾之情。虽一边围绕，而一边反跳，则穴气已从反跳之处走泄，虽发不久。赋云："水才过穴而反跳，一发便衰。"若水自横来过穴而反跳，是左右不得水抱，虽支水兜收，全不聚气。经云："来不揖穴，去不拜堂，败绝之藏也。"左跳长房当，右跳小房绝。

曲水斜飞

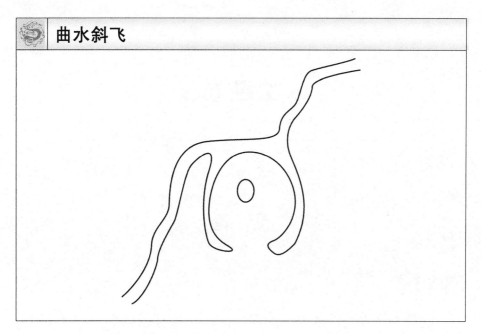

【评注】

此图虽两水环抱穴场，内形完美。然原水并无环抱，来水虽屈曲，但至穴前背反，是来不揖穴。去时水不回头顾穴，是去不拜堂，穴气尽泄，若此处立穴，虽能初发，旋即衰败。

以上都是讲水龙都是从水的形来验穴之吉凶。章仲山《心眼指要》一书中"水辨真假"之论甚精，特录于后，以作结语。

有情照穴者为真，无情顾穴者为假。如果来龙活动，土色坚润，或两旁有水割界，其气自清；或龙到头上蓄之处，内堂有点真水，大旱不涸，恰于来龙来脉相乘，方为真水。真水者，"来情对脉"，"水来当面"之称谓也。如水色混浊，并有臭味，及偏斜、反弓，及易盈易涸等等，都由地气与水不交，所以说谓之假。

水龙经卷三

总　论

【原文】

此卷专言水龙贴体吉凶形局，而入穴星体已森然灿列于其中，此水龙重要之书也，亦不著姓氏，言语虽俚俗，寓意精深，必杨公真本，千百年以来，师师相授。

开卷先言五星，而五星之中，惟取金水土三星为吉，木火二曜为凶，此与山龙稍异。山龙有火星起顶，上下即结直穴；亦有行龙穴星皆木星结体，尔见贵秀。水龙则一犯木火，立见灾祸。推原其故，总之水形喜柔曲而恶刚强，宜朝抱与而忌冲激者，情性判然也。

是以五星既辨别，而接着以绕抱、反跳，收气、蓄聚区别诸格，辨之最详。也即五星明枝干之义，则行龙之体格大略已尽述了。继明五星之正变，而后入穴之作用，得其主宰，掌握自由。学者苟有意于郭璞公之秘，能于是书深切而体验之，水龙之道，思过半也。过此以往，三元九宫之法，庶几其有逢源之乐乎。

大鸿氏笔。

分论　杂论

【原文】论水龙枝干

人知寻龙为认穴之根本，不知认水乃寻龙之捷径。水源有浅有深，可推龙势之大小。水局有缠有走，即知穴法之假真。然而，取千顷之汪洋汇于案外，不若取一勺之灵秀之水聚于堂中，以小者真而易受，大者众而难居。因为这个原因，真龙到头结穴，左右必有两股兜浜界送气脉人穴，穴前必有低小明堂。左右随龙水送到局前交汇，前有朝案之砂，横拦之水，弯环向穴。四围护送之砂，回头驻扎，面面有情，明堂平正，水口交牙。前看兜收，后有拱送，右砂向左，左砂向右，穴住天心，此天然之结局也。

【评注】

水源有浅有深：言水深之美也。大抵穴前聚水，宜深不宜浅，宜注不宜泄，宜清不宜浊。若易干涸，则吉凶无常，非真穴也。

水局有缠有走：缠者，绕也，回环也，以收其气也；走者，直走，直去，反以泄龙气也，所以说砂水宜缠忌走，此不移之论也。风水大师章仲山云："众水迢迢顺下，忽见一水、两水逆流而上，或屈曲数节，或独绕一堤，此中必结上地。盖行龙至此，必须下流屈曲，去口紧关，或大小横拦，大堤砥柱，关激其气，不使竞走。砂关水会，便可安扦，下得正向，福荫必宏。"

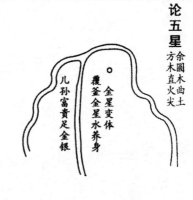

论五星 余圆木曲土 方木直火尖

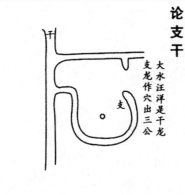

论支干

大水汪洋是干龙
支龙作穴出三公

金星变体
覆釜金星水养身

儿孙富贵足金银

支龙作穴须长久
干龙气书不须求

右金小房兴

左金长房发

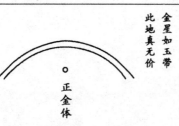

金星如玉带
此地真无价

正金体

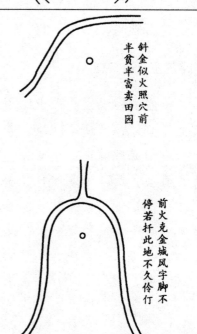

斜金似火照穴前
半贫半富卖田园

前火克金城凤字脚不
停若扦此地不久伶仃

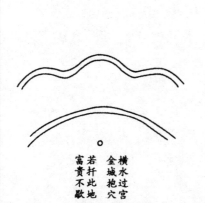

横水过宫
金城抱穴
若扦此地
富贵不歇

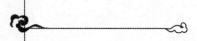

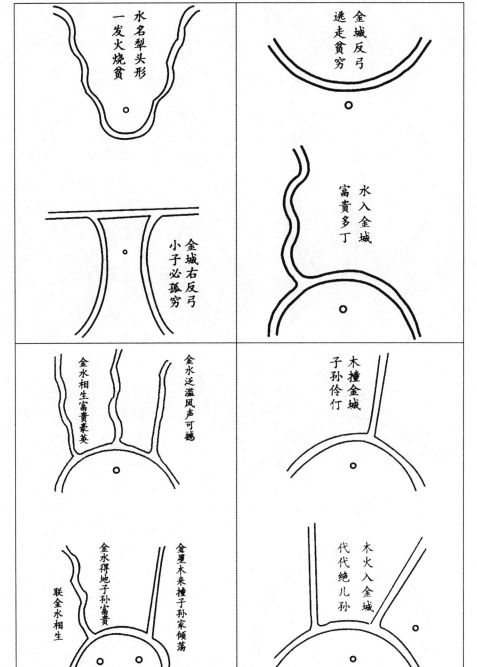

水名犁头形
一发火烧贫

金城反弓
逃走贫穷

金城右反弓
小子必孤穷

水入金城
富贵多丁

金水相生富贵豪英

金水泛滥风声可摅

木撞金城
子孙伶仃

金水得地子孙富贵

金星木来撞子孙家倾荡

联金水相生

木火入金城
代代绝儿孙

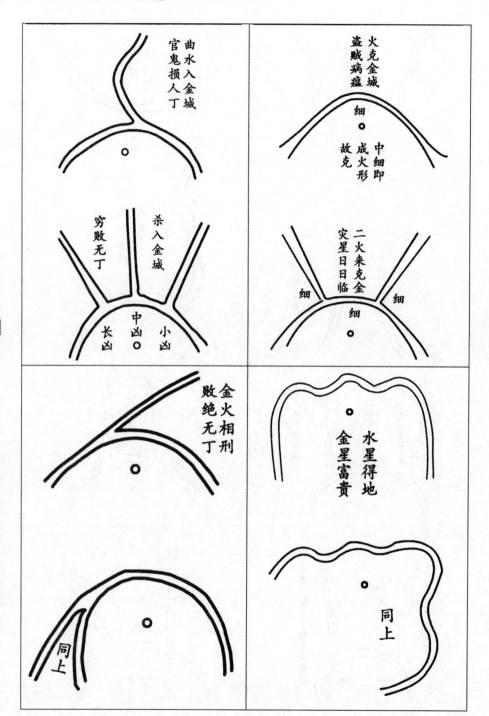

曲水入金城
官鬼损人丁

火克金城
盗贼病瘟

中细即
成火形
故克

细

穷败无丁

杀入金城

小凶
中凶 ○
长凶

二火来克金
灾星日日临

细   细
细
○

金火相刑
败绝无丁

水星得地
金星富贵

○

同上

同上

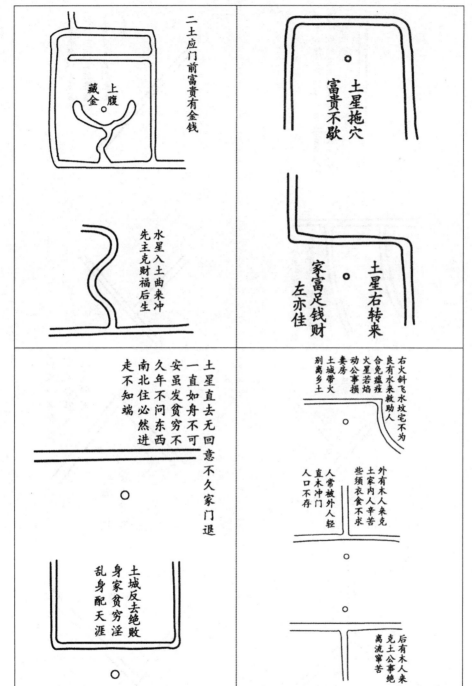

二土应门前富贵有金钱

上腹
藏金

水星入土曲来冲
先主克财福后生

土星拖穴
富贵不歇

土星右转来
家富足钱财
左亦佳

土星直去无回意不久家门退
一直如身不可
安虽发贫穷不
久年不问东西
南北住必然进
走不知端

土城反去绝败
身家贫穷淫
乱身配天涯

右火斜飞水坟宅不为
良有水来救助人
合免瘟疫
火星若焰
土城带火
妻房损
别离乡土
动公事

外有木人来克
土家内人辛苦
些须衣食不求
直木冲门
人常被外人轻
人口不存

后有木人来
克土公事绝
离流窜苦

斜木来时似火飞其中
扦穴岂相宜劫盗遭灾
常自有人离财散各
东西

直木如枪公事灾殃
房必败绝前木后木冲军赋犯刑凶　水城直冲穴中

正木直行退败动瘟　斜
木不堪为下后主生离

水似木文
瘟绝孤贫
尖砂随水
出子孙做
军赋

右边水冲扁怪在前尖
见瘟火定烧空小水也
虚惊

正火一名犁尖
水城合掌流
退尽好田牛

两脚升趋
不久绝祢

倒火

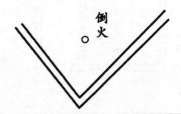

水城后反弓忤逆各西
东若还如此样退尽主
贫穷火城反去淫乱
不良家贫徒配绝嗣
逃乡

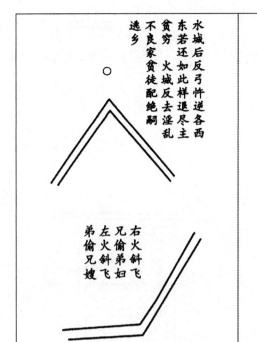

刀枪之水反射身
徒配远充军子
孙忤逆面前八字
水流

右火斜飞
兄偷弟妇
左火斜飞
弟偷兄嫂

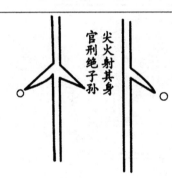

左火斜飞军贼伤夭
递移外死绝子无依

右火反飞递走东西

尖火射其身
官刑绝子孙

火脚向外飞
走死不能归

燥火焰焰动老死无人送

逆水顺木官非碌碌换妻寄子退尽
田谷　火星屈曲飞无食又无衣

论四兽

元武之水有
湖池定宅安
坟福禄宜

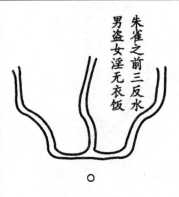

朱雀之前三反水
男盗女淫无衣饭

发福久长
定是水缠
无武

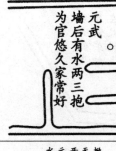

元武
墙后有水两三抱
为官悠久家常好

掀裙之水最
无情两脚分
开惹人心
元武之上有
水冲其家绝子媳淫翁

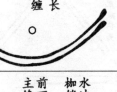

水冲元武头
枷锁去为囚
前丁后丁
主绝人丁

两边龙虎湾湾抱富贵双双
到若然点穴得其方神童定
作状元郎

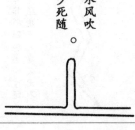

元武吐舌水风吹
绝嗣官灾少死随

水口无山间先妻娶多田地出贼败亡凶流配为边戍

白虎水如飞不久便逃移
青龙直走去代代人难住

水打白虎脑小子命难保
水打青龙头长子命先忧

白虎衔尸鳏寡无资少亡绝嗣横天扛尸

右关水为灾
阴人定损胎

青龙吞家风盲炊肿横天痴呆离乡绝种

白虎冲肠少子刑伤

青龙冲腹长子瘟疫

青龙水转抱
其身此地出
官人

青龙白虎两分张
徒流退败主离乡

同前

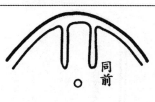

左右水反去儿抛父母离乡住
两边水不去回顾财物鬼来偷

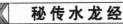

秘传水龙经

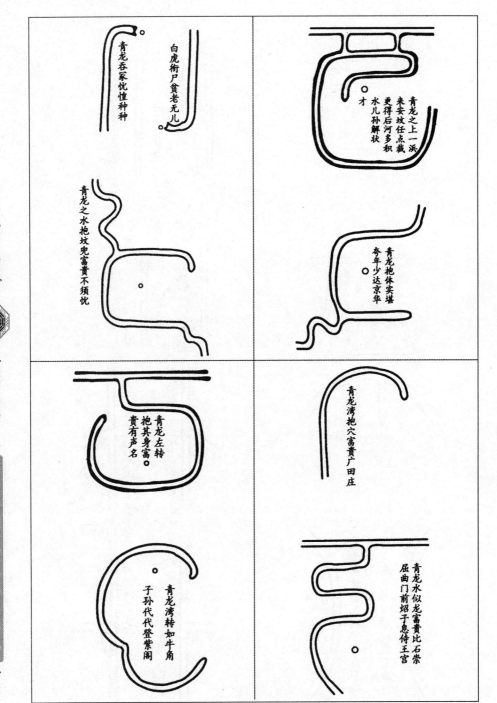

白虎衔尸贪老无儿

青龙吞冢忧惶种种

青龙之水抱坟兜富贵不须忧

青龙之上一浜
来安坟任点裁
更得后河多积
水儿孙解状
才

青龙抱体实堪夸
多年少达京华

青龙左转
抱其身富
贵有声名

青龙湾抱穴富贵广田庄

青龙湾转如牛角
子孙代代登紫阁

青龙水似龙富贵比石崇
屈曲门前烟子息侍王宫

中国传统术数总集 第一辑

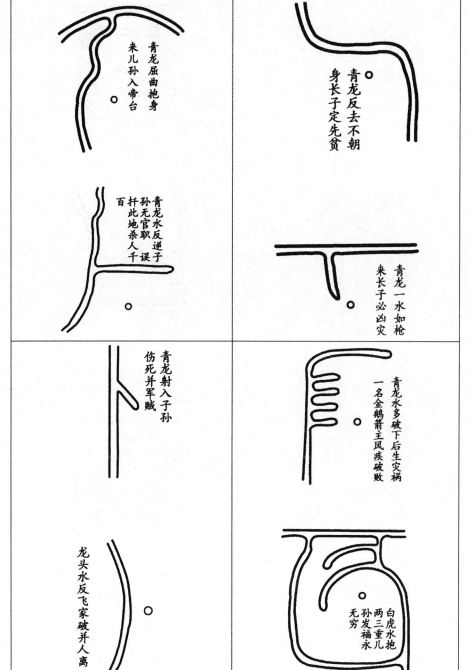

青龙屈曲抱身
来儿孙入帝台

青龙反去不朝
身长子定先贫

青龙水反递子
孙无官职误
杆此地杀人千
百

青龙一水如枪
来长子必凶灾

青龙射入子孙
伤死并军贼

青龙水多破下后生灾祸
一名金鹅箭主风疾破败

龙头水反飞家破并人离

白虎水抱
两三重儿
孙发福永
无穷

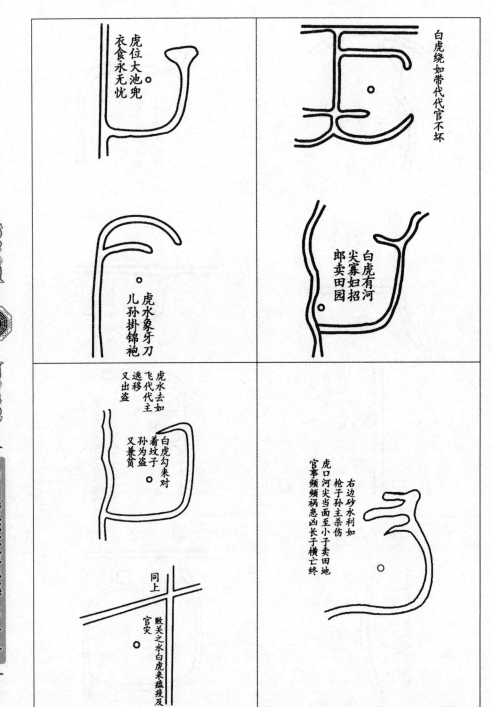

虎位大池兜
衣食永无忧

白虎绕如带代代官不坏

虎水象牙刀
儿孙掛锦袍

白虎有河
尖寨妇招
郎卖田园

虎水去如
飞代代主
逃移又兼贫
又出盗

白虎勾来对
着坟子
孙为盗

右边砂水利如
虎口河尖当面至小子卖田地
枪子孙主杀伤
官事频频祸患凶长子横亡终

同上

败关之水白虎来瘟疫及
官灾

中国传统术数总集 第一辑

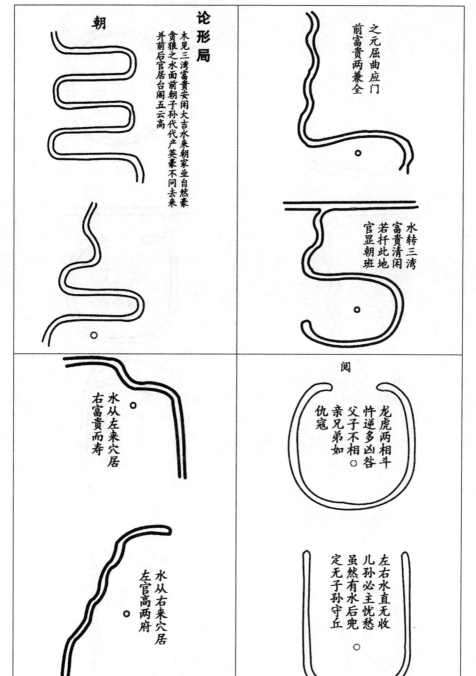

之元屈曲应门
前富贵两兼全

水转三湾
富贵清闲
若扦此地
官显朝班

论形局

朝

木见三湾富贵安闲大吉水来朝家业自然荣
贪狼之水面前朝子孙代代产英豪
并前后官居台阁五云高不问去来

水从左来穴居
右富贵而寿

水从右来穴居
左官高两府

闪

龙虎两相斗
忤逆多凶咎
父子不相
亲兄弟如
仇寇

左右水直无收
儿孙必主忧愁
虽然有水后兜
定无子孙守丘

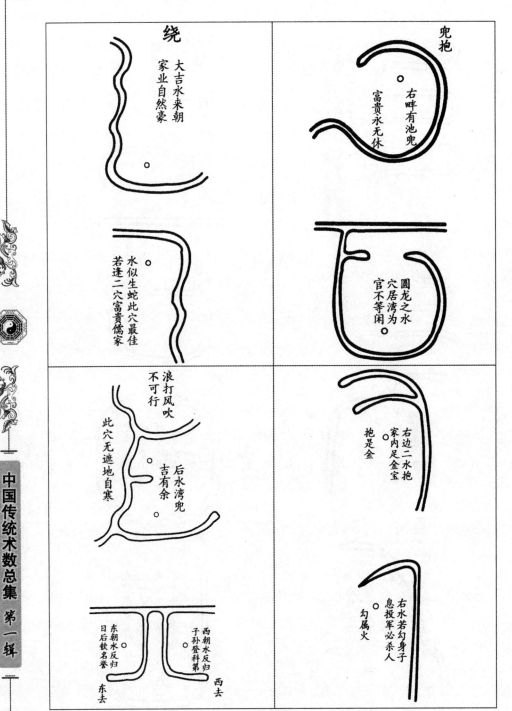

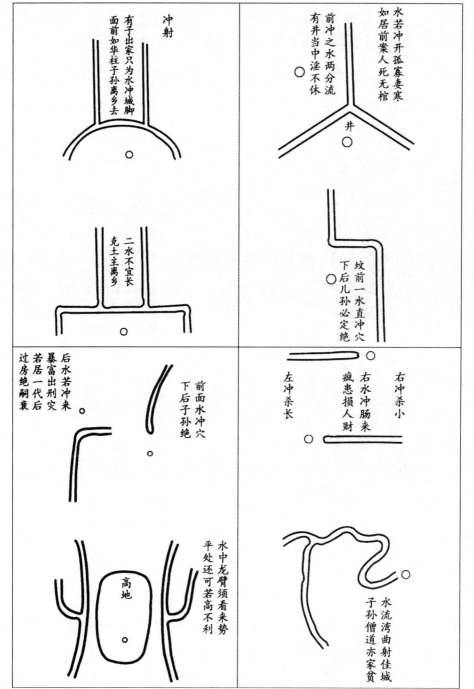

水若冲开孤寡寒
如居前案人死无棺

前冲之水两分流
有井当中淫不休

井

坟前一水直冲穴
下后儿孙必定绝

右冲杀小
右水冲肠来
疯患损人财

左冲杀长

水流湾曲射佳城
子孙僧道亦家贫

冲射

有子出家只为水冲城脚
面前如华柱子孙离乡去

二水不宜长
克土主离乡

前面水冲穴
下后子孙绝

后水若冲来
暴富出刑灾
若居一代后
过房绝嗣衰

高地

水中龙臂须看来势
平处还可若高不利

中国传统术数总集　第一辑

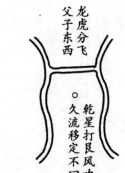

龙虎分飞
父子东西

乾星打艮风吹不
。久流移定不回

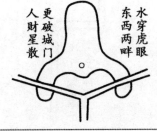

更破城门
人财星散

水穿虎眼
东西两畔

左右分张
徒配离乡
朱雀抛腮
官事败亡

朱雀之水
两分开灾
又兼淫乱
无男日日来
须女何
将眼
觑

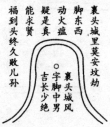

裹头城里莫安坟劫
脚东西
动火瘟
疑是真
能求贤
福到头终久败儿孙
裹头城风
字脚中男
吉长少绝

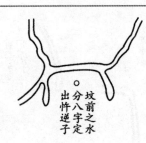

坟前之水
分八字定
出忤逆子

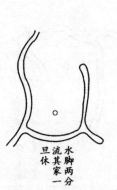

水脚两分
流其家一
旦休

后有水拖枪少亡淫乱娼
军贼遭刑戮二代绝人殃

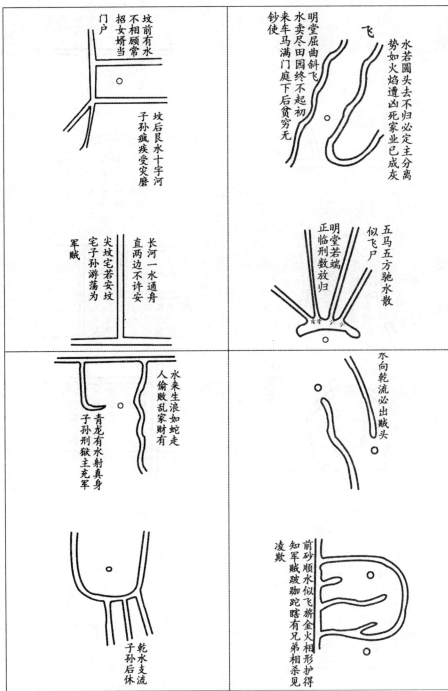

坟前有水
不相顾常
招女婿当
门户

坟后艮水十字河
子孙疯疾受灾磨

水若圆头去不归必定主分离
势如火焰遭凶死家业已成灰

明堂屈曲斜飞
水卖尽田园终不起初
来车马满门庭下后贫穷无
钞使

飞

长河一水通舟
直两边不许安
尖坟宅若安坟
宅子孙游荡为
军贼

五马五方驰水散
似飞尸

明堂若端
正临刑数放归

水来生浪如蛇走
人伦败乱家财有
青龙有水射真身
子孙刑狱主充军

不向乾流必出贼头

乾水支流
子孙后休

前砂顺水似飞旐金火相形护得
知军贼跛跏跎瞎有兄弟相杀见
凌欺

反

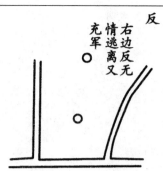

右边反无
情逃离反又
充军

水
城
怕
反
弓
逃
走
主
贫
穷

后水来龙似反
弓出入忤逆各
西东若然遇此
反弓水退尽田
园守困穷

朱雀反弓龙虎张
兄孙忤逆打爹娘
自吊风声公事起
损儿损女卖田庄

艮水反不堪
言子孙依靠
别人边
丁字水
又残疾郎
子广招
郎女

论异形

水绕坟基绝
后主分离

周回之水绕
坟林破败损
金银。
又兼淫乱无家室
疾病少精神

抄估龙体纵然
富贵亦主充军

乾枪向巽配在云南交趾坤枪
向艮配在远东巽枪向乾配在
陕西艮枪向坤配在广西

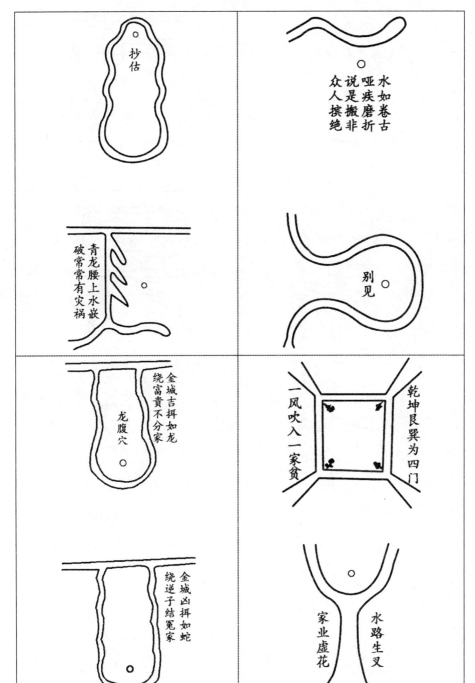

抄估

水如卷古
哑疾磨折
说是搬非
众人摈绝

青龙腰上水嵌
破常常有灾祸

别见

龙腹穴

金城吉拜如龙
绕富贵不分家

乾坤艮巽为四门

一风吹入一家贫

金城凶拜如蛇
绕逆子结冤家

水路生叉

家业虚花

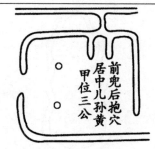

前兜后抱穴
居中儿孙黄
甲位三公

水中有地葫芦
。
形毒药主伤人

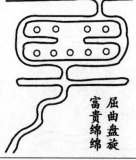

屈曲盘旋
富贵绵绵

武官旅水　交剑长流

交

火入金名
带剑城砂
水两相刑
葬后儿孙
终不显边
远夫充军
先发财后
大凶

尸枪射穴刑狱充军
逃亡横死绝嗣无人
射

屈曲如弓义门和顺
富贵声名奕世隆盛

破

朱雀破头
事事尤愁

叉

右边见叉木此地穷无比

左见木丫叉孤男寡妇家

偏

有一边无一边衣

食安然不久退

斜

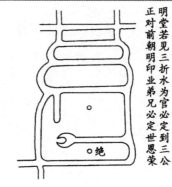

水如鹭膝

家终逼仄

火入金城两相

战其家终不显

功名或是出骑

枪儿孙必阵亡

论象形

明堂若见三折水为官必定到三公

正对前朝明印业弟兄必定世恩荣

水城屈曲似飞

龙日日遇恩荣

裹

裹头之水气无

余向前安

堡实非宜

纵使暂时

能一发为

人量窄又无儿

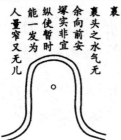

割

水城怕过割

下后枪刀割

绝嗣又逃亡

时师莫去宽

中国传统术数总集　第一辑

来势曲如龙
富贵永无穷

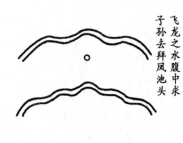

飞龙之水腹中求
子孙去拜凤池头

屈曲如龙至
金勾元又元
有人扦此地
及第必争先

屈曲如龙首尾朝迎
腹中作穴封拜功名

同上

飞龙之水最难
逢必定出三公

金蛇势
难识下
后大官
出
又名笑天龙

舞凤之水后妃尊贵
男作三公少年及第

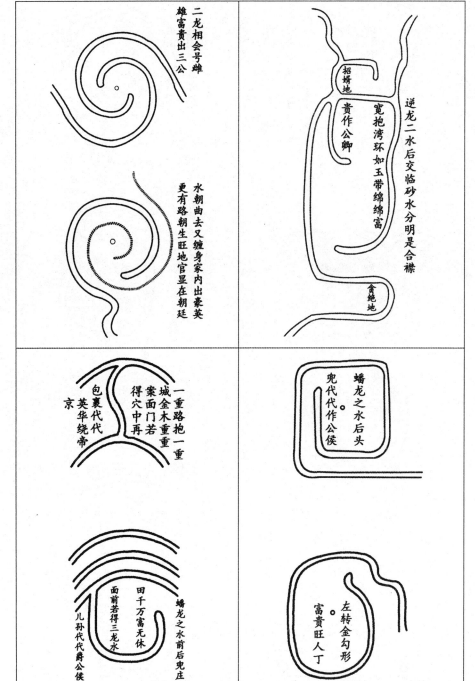

二龙相会号雌雄
雄富贵出三公

水朝曲去又缠身家内出豪英
更有路朝生旺地官显在朝廷

逆龙二水后交临砂水分明是合襟
宽抱湾环如玉带绵绵富

招婿地
贵作公卿

贪绝地

一重路抱一重
城金木重重
案面门若
得穴中再
包裹代代
京华绕帝
英

蟠龙之水后头
兜代代作公侯

蟠龙之水前后兜庄
田千万富无休
面前若得三龙水
儿孙代代爵公侯

左转金勾形
富贵旺人丁

中国传统术数总集 第一辑

右转金勾形富贵有声名

若扦此地富贵声名

瓜藤之水

节节有情

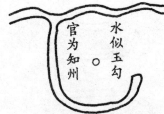

水似玉勾

官为知州

左转金勾

贵而无敌

金勾左转足金银

案应三台出贵人

乙字水影身

家出大朝臣

活龙来势作三台

秀水前朝对面来

若见有人扦此地

为官代代作乌台

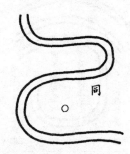

同

水龙经卷四

总　论

【原文】

　　风水之法，得水为上，藏风次之。

　　夫外气所以止内气，界水所以止来龙。天元歌云："人言生气地中求，岂知地气水边流，流到水边逢水界，平原浩气尽兜收。"故葬必以龙为主，而水亦其要也。故平洋之法，先取大水，后取小水。先大水则知于龙所钟，可以明大势，取大局。后小水则知真气所聚，可以决定所取真穴。不明大势则地之大小不分，不知定所则穴之真假罔决。但水法之书，汗牛充栋。兹卷所辑，专言水龙。业是术者，先当择其吉者趋之，凶者避之。则吉无不利，而凶祸不侵也。

大鸿氏笔记

分　论

论抄估

【原文】

抄估龙体，纵然富贵，亦主充军。

水中有地葫芦形，毒药主伤人。（下左图）

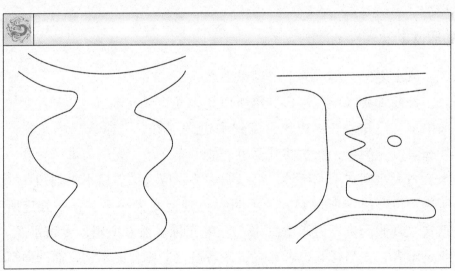

【评注】

旧时主人侵吞奴仆财产的一种手段，引伸于风水中，则水中有地成葫芦形，主毒药伤人，此以形论。但廖公有"葫芦形"一穴，云"点其大处，小处为案"，并未言之"毒药伤人"，所以说只要龙真穴的，亦主吉庆。

【原文】

青龙腰上有嵌破，家内常常有灾祸。（上右图）

【评注】

左方青龙水环抱穴场，中有伸缩，形入尖枪嵌入穴场者是。

【原文】

水如卷舌，哑疾磨折。说是搬非，人人摈绝。（下左图）

【评注】

水形如卷舌，其形反背向外流出，方有此应。

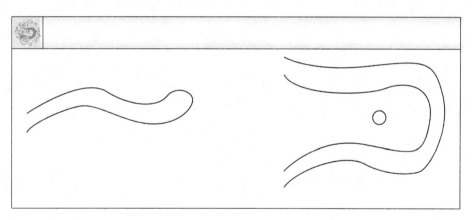

【原文】

铜角水，出师巫，更伤小口患疮多。（上右图）

【评注】

此图穴场水贴身环抱，形局完固，束气严谨。可惜束气后即反跳而去，龙气尽泄，所以说不吉，主先发后败。

【原文】

金城吉揖绕如龙，富贵不分家。（下左图）

【评注】

此图与卷三团团流水绕穴同，但前言凶此言吉，自相矛盾。

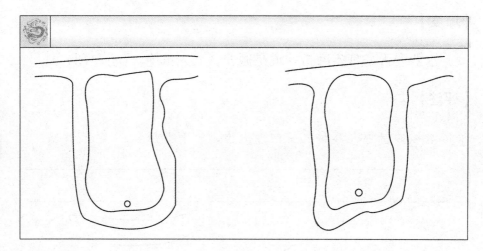

【原文】

金城凶揖如蛇横，逆子结冤家。
此指曲水不整齐者而言。（上右图）

【评注】

立穴内外之形，不仅要讲究环抱拱卫，而且要讲究秀美。如山龙，虽众砂环抱护卫，然砂形尖斜丑陋，亦为恶穴。水龙亦然，虽水绕穴场，然直硬尖反，屈曲散乱，也不可立穴。

【原文】

乾坤艮穴为四门，一风吹入一家贫。（下左图）

【评注】

　　乾方为天门，巽方为地门，坤方为人门，艮方为鬼门。其方有水直射，主凶。

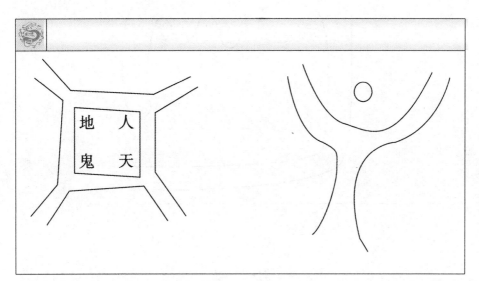

【原文】

　　水路生叉，家业破查。（上右图）

【原文】

　　前后兜抱穴居中，黄甲出三公。

【评注】

　　此局前有两重秀水为案，后有一重水绕抱，穴朝前立，是以迎秀为主。

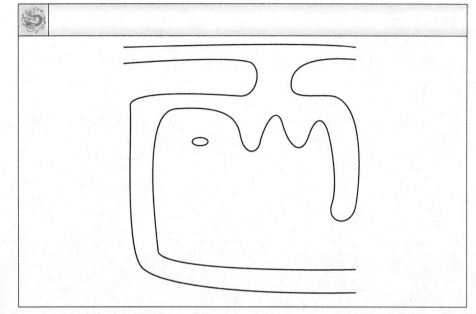

论 叉

【原文】

左边若见水丫叉，孤儿寡妇出其家。右边见丫叉，此地穷无比。(下左图)

【评注】

丫叉并非绕穴支水，而是去水分开两股。穴左为男，如果左边水分叉而去，男人凶灾，所以说"孤儿寡妇"。

中国传统术数总集 第一辑

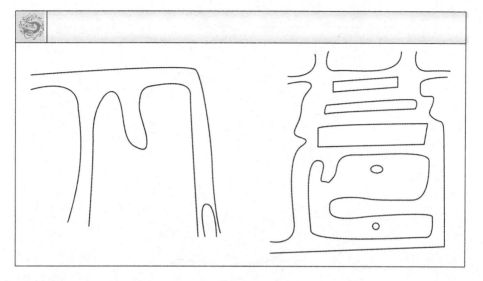

【原文】

明堂若见三折水，为官必定出三公。

正对前朝砂印案，弟兄必定世恩荣。（上右图）

【评注】

此图中画有两个穴星，上吉下凶，何也？上图明堂水绕三折，穴后二水兜收，后接龙气，前呈秀气，形局完固，所以说吉。而下穴穴后虽有水缠，但直去不回头，穴前又离折水太远，难呈其秀。前后皆无情，所以说凶。

论　破

【原文】

朱雀破头，事事忧愁。

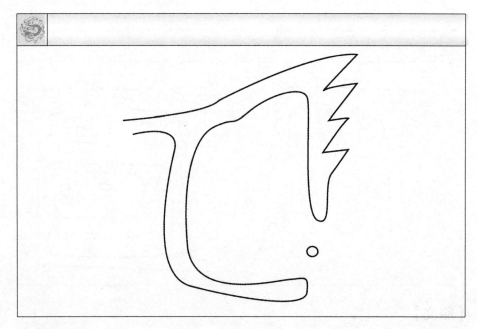

【评注】

　　此图朱雀方有尖水直射穴星，且尖曲四重，火形之水直冲天心，所以说曰破头。此局穴位即使扦于抱水之中，一则形局不正. 二则右手白虎尖破，背后玄武斜走，亦不为吉。

论　交

【原文】

　　论交。火入金名带剑城，砂水两相刑。葬后儿孙均不显，边远去充军。先发财，后大凶。

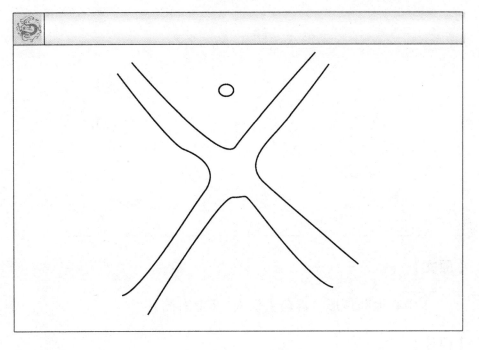

【评注】

二水呈十字形斜交于穴后，看似弯抱，一则水形直而僵硬，二则交汇处尖形冲射，所以说为凶地。

论　射

【原文】

尸枪射穴，刑狱充军，逃亡横天，绝嗣无人。（下左图）

【评注】

左右两砂或两水尖锐如枪，或如丧尸，直射穴心者是。若只左射，不利长房；仅右射，不利小房。

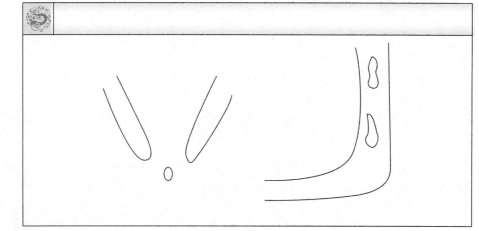

【原文】

　　水中有地葫芦形，毒药主伤人。（上右图）

【评注】

　　古时行医，以挂背葫芦为招牌，且以葫芦装药，所以葫芦和药连在一切。大凡水中有砂洲呈此形，不宜扦穴。

论　襄

【原文】

　　襄头之水气无余，向前安坟实非宜。纵使暂时能一发，为人量窄又无儿。

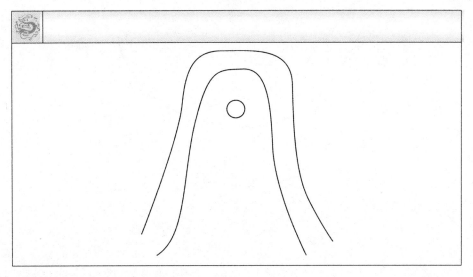

【评注】

　　此水三面环绕，与金城水形似。所不同的是金城水环绕过穴，两脚均屈曲而去，前有束气，后有回顾，生气聚集为吉。裹头水虽过穴圆阔端正，但龙弱孤寒，穴无余气，水贴穴周回如裹者是，况此图去水有斜飞之形，内气不束，上割下泄，龙气尽伤，所以说为凶穴。

论　割

【原文】

　　水城怕遇割，下后刀枪刽。绝嗣又逃亡，时师莫去觅。

【评注】

　　割者，穴无余气，而水扣城者是。此局反水贴穴城割脚，既反且割，两凶兼顾，极凶之地，所以说有刀枪绝嗣之祸。

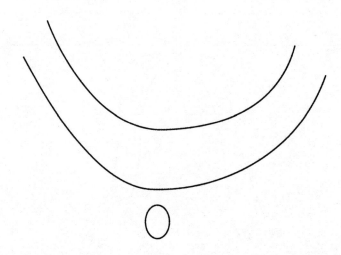

论象形

【原文】

水城屈曲似飞龙，日日遇恩荣。

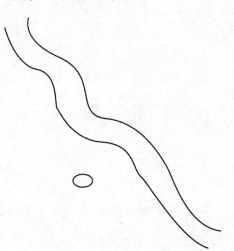

【评注】

细详此图，虽水来去皆屈曲，然一则去时斜飞，与穴无情；二则虽屈曲无环抱，形如揽索，均为凶形，不能立穴。

【原文】

来势曲如龙，富贵永无穷。（下左图）

【评注】

右方有水屈曲而来，虽绕青龙，但直射而去，亦难结穴。幸有枝水插腹回抱，方使龙气融聚。此图吉在支水界气，并非来去之水。

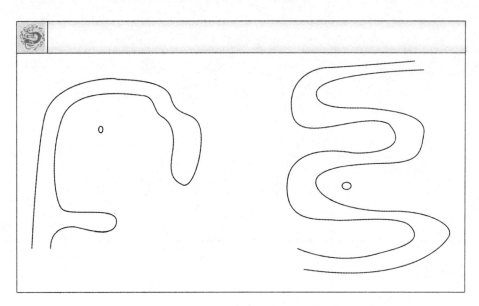

【原文】

屈曲如弓，一门和顺，富贵声名，奕世隆盛。（上右图）

【评注】

此水立穴，水从西南方来，应立丙午丁三向，以呈穴前曲水之秀。若水从东北来，则宜立壬子癸三向，以呈穴前秀气。他向虽吉，其力不如此三向。

【原文】

瓜藤之水，节节有情，若能扦此，富贵声名。（下左图）

【评注】

水不论来去，不仅喜其屈曲，更喜其环抱。此水屈曲贴身环抱，犹如瓜藤抱瓜，所以说为吉水。

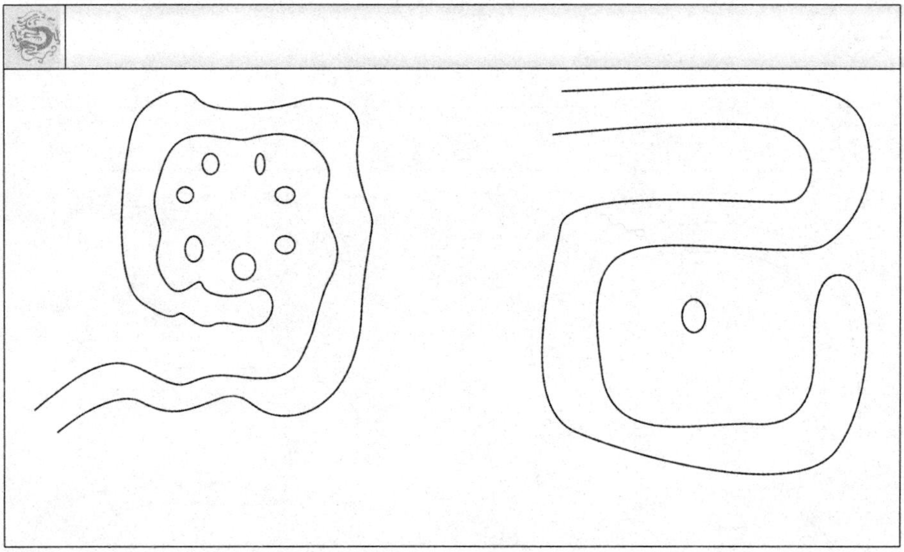

【原文】

左转金钩，贵而无敌。（上右图）

【评注】

此局四水环抱，前有两重秀水为案，后有玄武水为托，穴气完固，真气凝注，所以说贵。

【原文】

金勾左转足金银，案应三台出贵人。（下左图）

【评注】

　　案应三台：指朝案砂山之应。三台，古时三种官名。这里是指案山如果有三峰高耸为三台，主出三台之类的贵官。

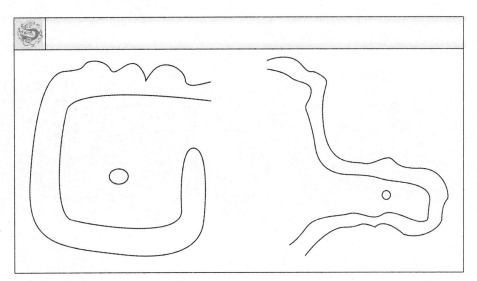

【原文】

　　活龙来势作三台，秀水前朝对面来，
　　若得有人扦此地，为官代代作乌台。（上右图）

【评注】

　　这里的三台并非指三座高砂，而是指水三屈。
　　乌台：古称御史府为乌台或乌府。这里指官可作至御史。

【原文】

　　武官旗水，交剑长流，有人葬之，阵上亡身。（下左图）

中国传统术数总集　第一辑

【评注】

诸水来时，摆折飘舞，形如旌旗；交汇合襟之时却直射无曲，形如交剑，虽以武取贵，但恐有阵亡之患。

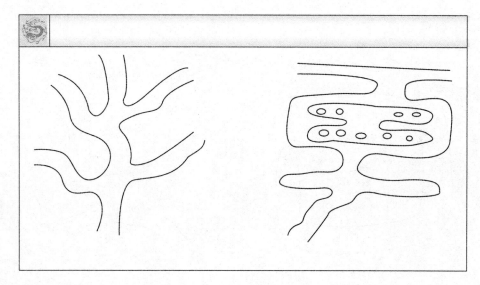

【原文】

屈曲盘旋，富贵绵绵。（上右图）

【评注】

此图虽水屈曲盘旋，环绕穴场，然左右均有尖水直出。若居中立穴，必有射胁之患；且靠前恐有脱气之虞，靠后则水直泄而去，均难全吉。惟与支水兜插怀中立穴，诸忌皆去，方主富贵绵绵。

论 偏

【原文】

一边有水一边无，衣食安然不久退。

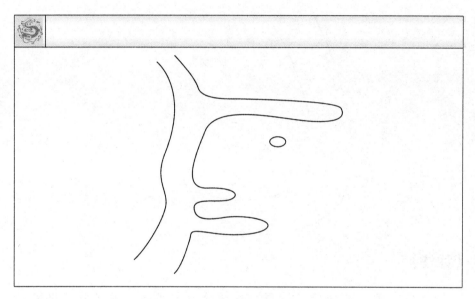

【评注】

青龙水来，反跳而去。虽有枝水插界，但无兜收之势，所以说发不久。若青龙水环抱有情，亦可向水立穴，收水之秀，仍主久长。

论　斜

【原文】

有水如鹭膝，其家终逼仄。

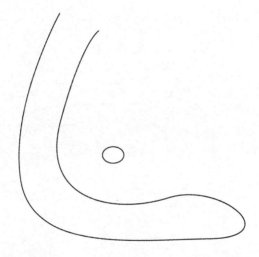

【评注】

逼仄：原意指狭窄，这里指衰退。此局虽有一弯可穴，但来去水皆斜飞，主一发即败。

【原文】

火入金城两相战，葬后其家终不显。

功名或是出旗枪，后代儿孙必阵亡。（下左图）

【评注】

此图外形圆润端正，但枝水插界，合汇处尖射，尖者火体，所以说火八金城。

【原文】

曲水如龙至，金钩玄又玄。

有人扦此地，及第至三元。（上右图）

【评注】

司马头陀"平洋结穴法"中有"垂钩"一势，注云："蟠龙之势，垂钩之穴，取其回受，方为全美。以其盛处为的，或以其掬水紧处为的。"此局水从巽方屈曲而来，绕穴环抱如钩，则穴向巽方回受秀水，巽方主文章，所以说有此应。

【原文】

飞龙之水腹中求，子孙去拜凤池头。（下左图）

【评注】

凤池：禁苑中池沼，喻接近皇帝之重臣。

细析此图，前水虽金城抱穴，但后水反弓，一吉一凶，主先吉后凶，并非大地，图文矛盾。其它版本仅有上边一水，所以说此图有误，特说明。或穴立下水腹中亦符地理。

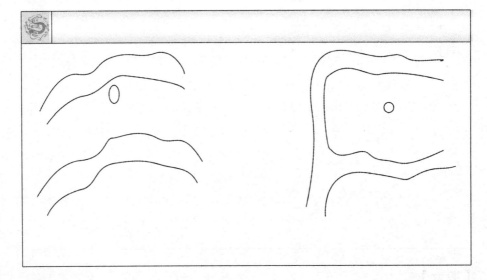

【原文】

屈曲如龙，首尾朝迎，腹中作穴，封拜功名。（上右图）

【评注】

此图贵在前后二水兜收有情。如果直射而出或斜去，则非佳地。

【原文】

金蛇势难识，下后大官出。又名笑天龙。（下左图）

【评注】

穴右之水昂头回顾，如蛇头昂起。四周水屈曲环绕，如金蛇盘曲，所以说名金蛇昂头势。此局蛇头昂摆为动处，所以说就动处立穴。

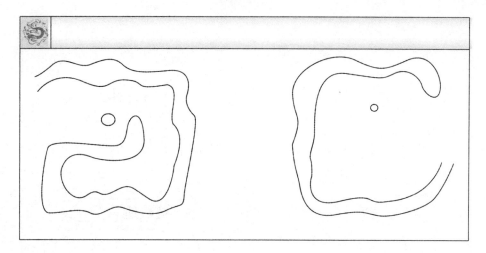

【原文】

飞龙之水最难求，扦之必定出三公。（上右图）

【评注】

水从白虎方起首，绕明堂、青龙、玄武，复至白虎方回顾后屈曲而出，形如盘龙戏水，亦与前一水单缠格相似。

【原文】

二龙相会号雌雄，富贵永无穷。（下左图）

【评注】

二龙交会，必一阴一阳，环抱穴星，极为佳美。此图二水相抱，形如太极，阴阳互根，施生万物，极佳之穴。

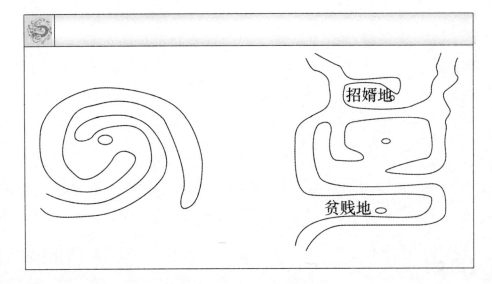

招婿地

贫贱地

【原文】

　　逆龙二水后交临，砂水分明是合襟，

　　宽抱弯环如玉带，绵绵富贵作公卿。（上右图）

【评注】

　　此图共点出三个穴星，中间一星，前水环抱，中有支水插界，后有曲水兜收，内外形局皆完美为贵。上穴虽穴后气固，但穴前二水分飞而去，虽有枝水插界束气，却主易姓入赘方发。而下穴后水反去，毫无情义，所以说为贫贱地。

【原文】

　　舞凤之水，后妃尊贵。男作三公，少年及第。（下左图）

【评注】

　　三水屈曲而来，形如凤凰飞舞，与前水合襟绕穴为美。因常以凤喻女贵，所以说主女有后妃之贵。若三水尖射为火形，克金直射为术体撞城，反以凶论。前有三水屈曲朝穴，曰金水泛滥，主男女淫，有丑声。此则云贵者，穴后有水兜收，真气内聚所以说。

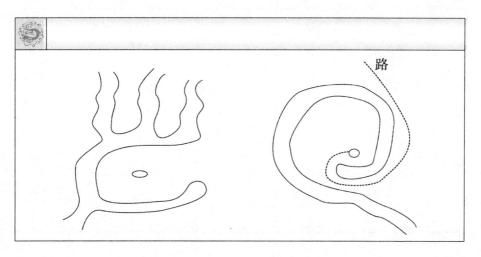

【原文】

水朝曲去又缠身，家内出豪英。

更有路朝生旺地，官显在朝廷。（上右图）

【评注】

这里所说的生旺之气是指三合水法中的兴旺，并非玄空理气中的生旺。如亥山巳向，亥水生于申，旺于子，若路在此二方入穴，就是生旺路。因路弯曲亦为水形，所以说路水同论。

【原文】

卜一重搂抱一重城，金水重重案南门，

若得水中再包裹，代代英华达帝京。（下左图）

【评注】

案南门：以此图论，若立丙午丁三向，则南方重重金体水包裹为案，秀水有力，真气融聚，绝佳之地。

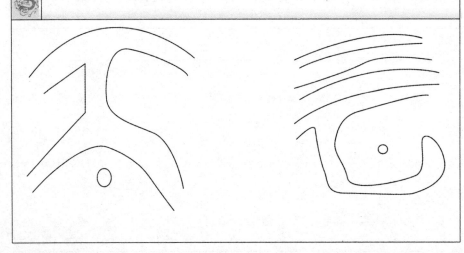

【原文】

蟠龙之水前后兜，庄田千万富无休。

面前若得三龙水，儿孙代代出公侯。（上右图）

【评注】

此图面前金城水三重，重重包裹，秀气厚实，且后水兜收有力，所以说富贵悠久。

【原文】

之字合襟之字流，知州知府出无休。（下左图）

【评注】

此图有上下两个穴星。下穴居于环抱水之中，前朝秀水，后有水缠，气固形美，吉穴无疑。而上穴右上方有水直冲穴心，右为妇女，被冲则必不静，所以说为淫地，不可立穴，主淫滥破败。

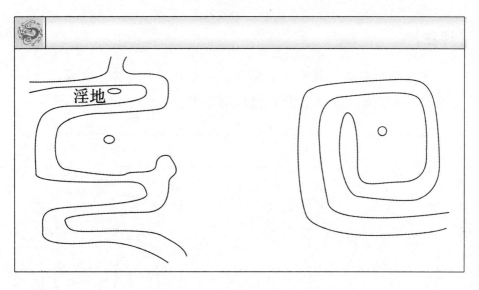

淫地

中国传统术数总集 第一辑

【原文】

蟠龙之水后头兜，代代作公侯。（上右图）

【评注】

经曰："蟠龙绕尾，头向中藏，不露爪足，神威未扬。"局穴后兜收之水两、三重，气脉完固深厚，虽发较迟，却长久。

【原文】

左转金钩形，富贵旺人丁。（下左图）

【评注】

水呈勾形，从左转入。左方为男丁，所以说曰旺人丁。

【原文】

右转金钩形，富贵有声名。（下右图）

【评注】

　　水呈勾形右转，其水来自巽方，止于辛方。巽方主文章，辛方上应文昌星，亦主文章，所以说曰有声名。

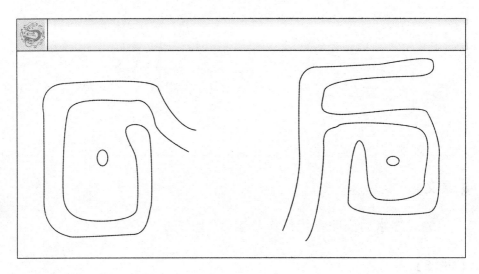

【原文】

　　水如玉钩，官为知州。（下左图）

【评注】

　　大凡水龙，环抱呈勾形为美，但官职高低，富贵大小，则要根据干龙的气势，枝龙的形势及水的清浊判断，并无定法。

【原文】

　　水如乙字形，家出大朝臣。（下右图）

【评注】

　　面向秀水立穴，收其秀气在前。亦要身后水回顾有情。若后水斜飞而去，是泄龙脉之气，发骤亦败速。

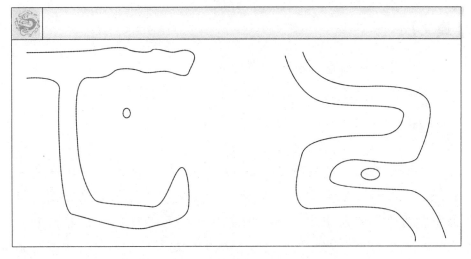

【原文】

十字水朝坟，儿孙手艺人。

虽然温饱有成败，定出娼优贱且淫。（下左图）

【评注】

水呈十字，虽也有交襟之处。一则交襟处。为火体，直射穴场；二则水来去直泄，真气不聚，乃过。所以说非吉地。

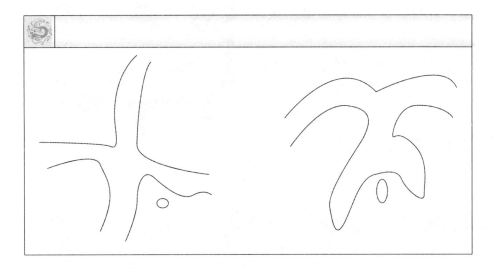

【原文】

三十年前走道途，不曾下得仰天湖，

若有世人扦此地，儿孙衣紫达皇都。（上右图）

【评注】

只要池湖之水在龙身上者，均为仰天湖，亦名天池，并非只有高山顶上有，平洋龙身上也有，龙过峡跌断处见湖池亦是。峡上左右两池，穴从中出，谓之左右侍卫，又名养荫水，若只有一池，终不如两池力大。凡龙身有此池者，其所结作力量甚大，但须四时水注为美，忽然干涸，败祸立至。

如银邑余氏祖地。此地在德兴南门外，与县龙分脉后，起五星聚讲开帐入局，又大断过脉，列芙蓉大帐，帐中穿心出脉，垂落清秀，入首结开口仰天窝穴。窝中圆净，两掬均匀，口中平坦，左右重重包裹，前朝秀丽，明堂融聚，水城绕抱，水口关锁，系艮龙扦丙向。俗传仰天湖，赖布衣下。后余氏出朝议大夫，数代清贵，福贵悠久。此地贵不极显者，有二不足，少余气，无曜星也。吴公云："余气不去数十里，决然不是王侯地。"

银邑余氏祖地

杨公云："龙与穴真只无曜，空有星峰重叠照。"所以说此地难以显大贵。

【原文】

同上。（下左图）

【评注】

察此二图：上图天池水居龙身上，为养荫水。下图不仅前有天池养荫水，且水四面围绕穴场，之玄而去，其力较上图尤大。

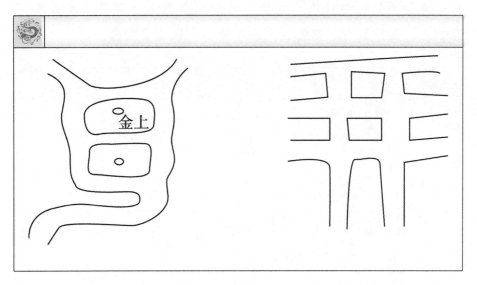

【原文】

十字水流后与前，廿字井字总一般。

此为市井人多住，若是一家不可安。（上右图）

【评注】

如苏州城（下左图），相传由吴国的伍子胥主持选址和规划，城内河流互相沟通，四通八达，犹如水网。且河流与街道相交，形成众多的桥梁，至今犹存三百一十多座城内古桥。同时，诸水连接运河，通达太湖，成为一个非常有特色的"东方威尼斯城"。

【原文】

　　此穴分明结作形，只恐时人不识真。

　　若遇明师点真穴，富贵双全四海名。（下右图）

【评注】

　　此图点两个穴场。上穴虽居中央，但四面皆直水，尤如井字，反是龙气不聚，所以说为凶地。而下穴前有秀水交织，左右有龙虎护卫，穴后又有水兜收，无一不美，所以说为吉穴。

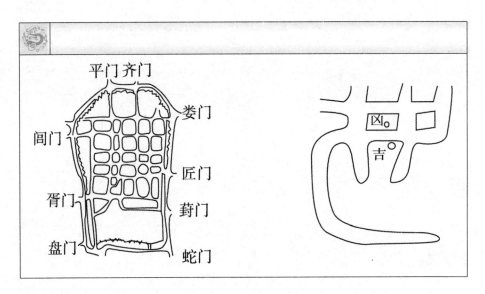

【原文】

　　仙人伸足形，定出及第人。（下左图）

【评注】

　　秀水屈曲来朝，穴迎秀水而立，秀水真气尽收于穴，富贵无疑。但去水应或之或玄，或右斫抱穴，方能悠久。若直去无回顾之情，却是虽发难久。《天机会元》中有"仙人伸足"之形，言其

"穴居脚板中，以玉几为案"，依此，穴应立于抱水内方为合法。

【原文】

水如曲尺路似尺，世代匠人少衣食。（下右图）

【评注】

水虽环抱，但直行僵硬，转弯处尖射，犹如木匠使用的曲尺，所以说"世代匠人"，此以形论之。

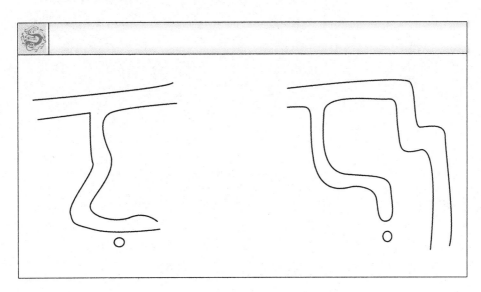

双龙格

【原文】

左右双龙入穴来，兄弟高名达帝台。（下左图）

【评注】

　　左右两水交抱护卫，阴阳交会，形美气固。左为兄，右为弟，所以说主兄弟联捷，共步丹墀。

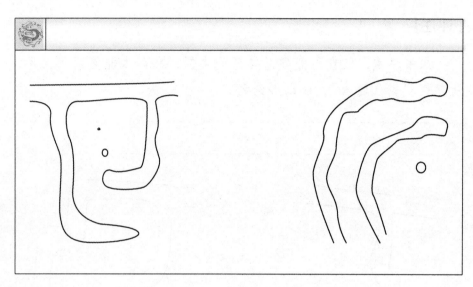

【原文】

　　雌雄并出水同流，去了又回头。
　　兄弟一门皆及第，代代位公侯。（上右图）

【评注】

　　内有一河抱穴，外又有一河抱内河，一里一外，一阴一阳，亦为阴阳交媾，又似兄弟同出，所以说一门及第。

【原文】

　　二水会龙须出贵，儿孙定折月中枝。（下左图）

【评注】

　　穴后左右各出一水，流至穴前合襟而去是二水会龙。此局横水大，穴宜退后，以避煞气；若水浅小，则宜向前蘸水立穴，以接秀气。

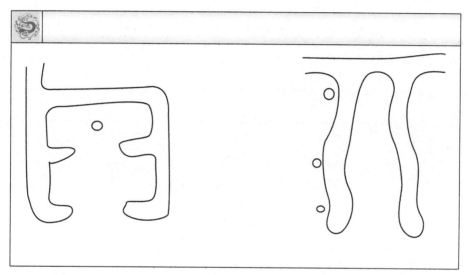

【原文】

　　葬龙腹，案龙肠，吉宿加临贵后昌，

　　葬龙尾，案龙足，歌舞灯前主巫祝。（上右图）

【评注】

　　此图水从北来，屈曲向南交会而去。龙腹之处，弯弓绕抱，形如金城。若立庚酉辛三向，金城重抱，秀气尽收，所以说富贵吉昌。若龙尾立穴，龙足为案，必壬子癸向。身后横水直流，两水如炉中焚香，所以说主出巫祝。

中国传统术数总集 第一辑

【原文】

此水名鹭膝，子孙定忤逆，

财物化为尘，人带手足疾。（下左图）

【评注】

玄武水斜飞而去，背离穴星，所以说主子孙忤逆。"手足疾"者，去水有伸足之形。

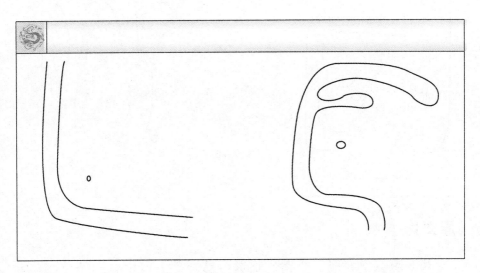

【原文】

左水如笏，其官兀兀。（上右图）

【评注】

兀兀，这里形容官高位显。此亦以形论。

【原文】

雌雄相见，天地交通，阴阳得位，定出三公。（下左图）

【评注】

左为阳，右为阴。阳中蓄阴，阴里含阳，化机之妙，尽藏穴中，所以说能贵显。

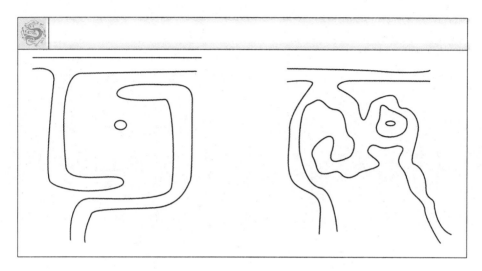

【原文】

砂水缠流荷叶地，却如架上金盘形，

若然点作幞头穴，定出儿孙朝内人。（上右图）

【评注】

幞头：古代用的一种包头软巾，有四带，二带系脑后垂之，二带反系头上，相传始于后周，这里是指水龙如幞头绕穴，圆如金城缠抱方为合格，斜飞反走均为伪地。

【原文】

左水似笏圭，长房中元魁。（下左图）

【评注】

　　左方公位为长子，笏圭居左，所以说长房中元魁。右方公位为幼子，如笔之水居右，所以"幼子贵无休"。此局中水直出到头弯环如钩，水弯处即穴之胎息，所以说于钩处立穴。

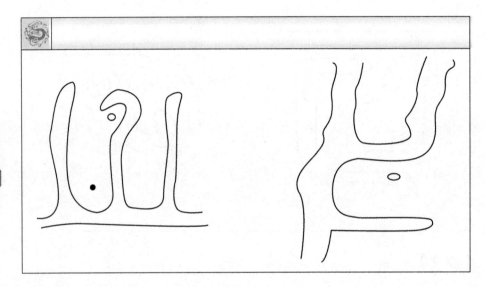

【原文】

　　二水合门前，富贵出名贤。（上右图）

【评注】

　　左右二永，屈曲于穴前合襟，是曲水来朝。抱穴缠玄武回顾而去，前朝后缠，与穴有情，所以说主出名贤。

【原文】

　　右边二水抱，家内足金宝。（下左图）

【评注】

《玉尺经》云："东柜落于艮丙，富堪敌国。"艮丙二方，在天为财赀之司，若此二方有水环绕聚蓄，则上应天象，主大发财禄。此水丙方二水横过，艮方水环抱有情，所以说主大富。

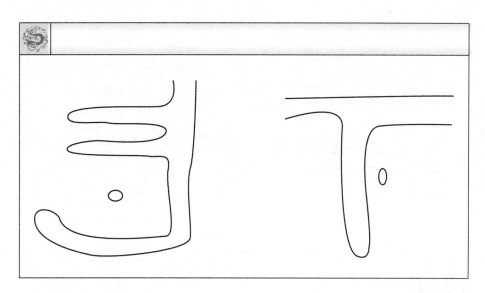

【原文】

左水似笔头，家主进田牛。（上右图）

【评注】

笔头形砂水主文章。此局左水虽似笔头，一则直去无环，泄龙之气；二则穴前无聚水，仅主出一代清贵，旋即衰退，富则无期，原图文矛盾。

【原文】

二龙相会应门前，子嗣去朝天。（下左图）

【评注】

穴前有两重金城水抱，本已吉庚。若能相会，阴阳交媾，更加力重。

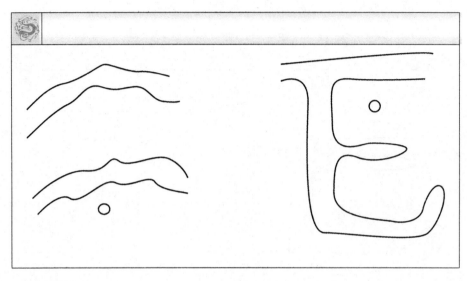

【原文】

二水后头兜，代代入皇州。（上右图）

【评注】

此图来水从巽方入手，至辛方回头。《逐吉赋》云"巽见辛为文章之士"，因巽辛二方为天帝司文章书籍之地，地气应之，所以说主以文取贵。

【原文】

二龙穴后兜，富贵永无休。（下左图）

【评注】

穴后有兜收之水虽佳，亦须形势完美。此图二水虽兜，但形如翘足，虽能发贵，却主出足疾之人。

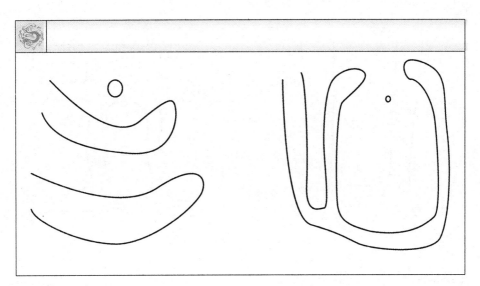

【原文】

二龙相会在后头，坟宅扦之永不忧，
男女不耕金谷富，儿孙早到凤池头。（上右图）

【评注】

此局左右两水回抱相对冲射，与前龙虎相斗格颇相似。若此处立穴，虽可富贵，但口舌是非不断，兄弟、父子不睦，并非佳地。

【原文】

二水右边出，不孝兼多疾。（下左图）

【评注】

出是指直出或斜出，并非屈曲而出，如图是。

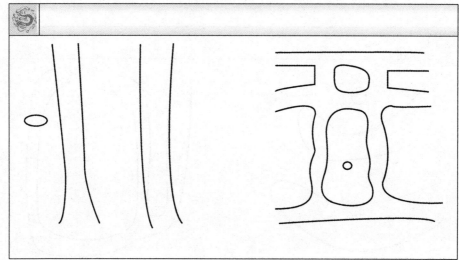

【原文】

三水团龙势，葬出公卿士。（上右图）

【评注】

此图三水合襟于穴前穴后，左右水护卫有情，前有案砂照应束气，其砂方正如印，所以说应贵显。

【原文】

迢迢四水入明堂，直冲直射不相当，若还屈曲水回头，贵上金阶粟万仓。其田一堤二三十亩乃吉。

【评注】

四水虽交会于明堂，若直硬尖射，是破了明堂，亦不可取。屈曲交会，方为有情，所以说要分别。

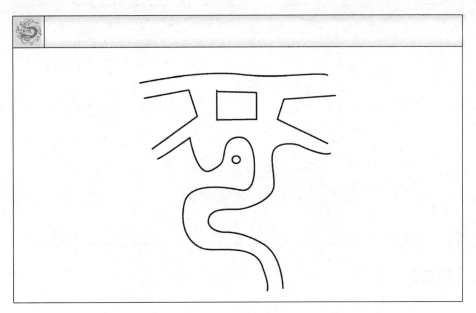

池沼格

【原文】

前逢池沼，永为富贵之家。

【评注】

经曰"山管人丁水管财"。若穴前水聚，来龙有力，形局秀美，主富贵双全。

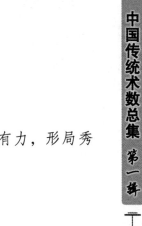

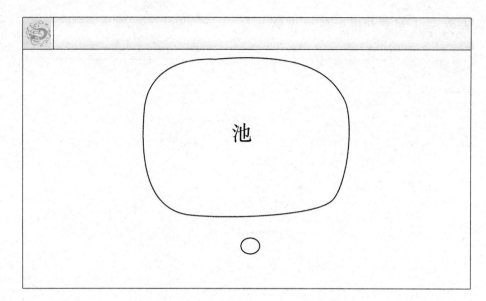

【原文】

右边池水应门前，抱穴富庄田。（下左图）

【评注】

池塘或方或圆，均宜开口。若长方无弯，亦难立穴。此局前有大池，顺右斫下，所以说就弯处扦之方是。

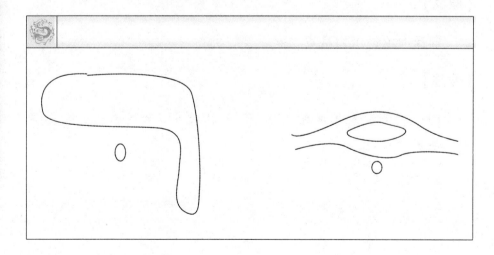

【原文】

坟前水内一娥眉，水来水去绕娥眉，

家中女子随人走，更同僧道有私情。（上右图）

【评注】

娥眉：状如半月，光媚纤巧，两脚均匀，端正清秀者是。此水中砂呈长圆形，二水夹流，如娥眉横扫，似美目流盼，所以说主女子有私情。细析此局，穴前之水状呈反背，此为凶之中枢，非娥眉砂故。若水城抱穴，娥眉砂为案，反主出女贵。

【原文】

右有桥冲，淫败绝宗。（下左图）

【评注】

穴左为男，穴右为女。右逢桥路冲射，主妇女淫败。若左有桥路冲射，则主男子破家。

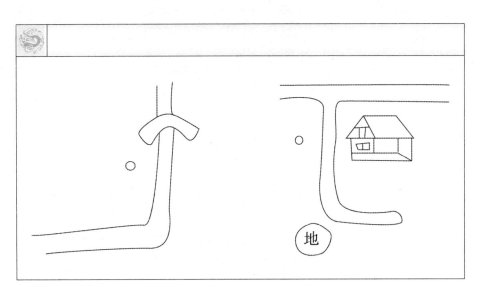

【原文】

东浜深千尺，西住有千粮。

西边池塘近冢边，子孙不孝叫皇天。（上右图）

【评注】

此图两说，阳宅建于三水环抱之内，形局完固，所以说富贵。穴立于此，亦同。而此墓穴立于抱水之外，西北方虽有池塘，圆静如镜，形局完美，照穴有情，但西北之水反流而去，与穴无情，此乃不吉真病，并非池塘，特说明。

【原文】

宅后有池，亦是人财之地。（下左图）

【评注】

又有赋云"屋后有池塘，寡妇守空房"，究竟屋后有水主吉主凶？玄空派认为。应以三元九官方位断，水在旺方、生气方、进气方为吉，在死绝方为凶，此不易之理。

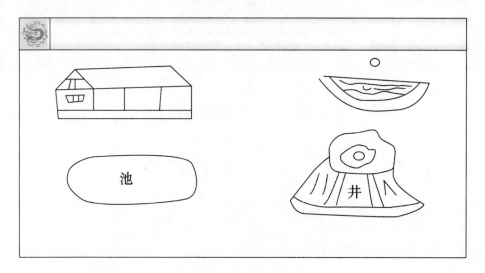

池

井

【原文】

坟后有井患心疼，双目损儿孙。井不分东西南北，偏旁近坟，主心腹目痛。（上右图）

【评注】

坟旁有井，泄其脉气。再值元运衰败，有此应。

【原文】

门前桥冲，少死横亡，疾病鳏寡，人口过房。

此俱值衰败之气耳，若当旺运，反能发福也。大鸿氏题。（下图）

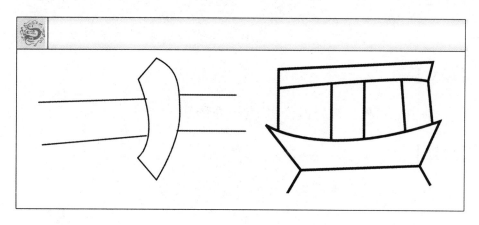

【评注】

蒋大鸿此注，深得风水精髓。大凡吉地，也有衰败之时。即使凶处，也有兴发之机。何也？元运也。

【原文】

前有横沟，足疾难疗。（下图）

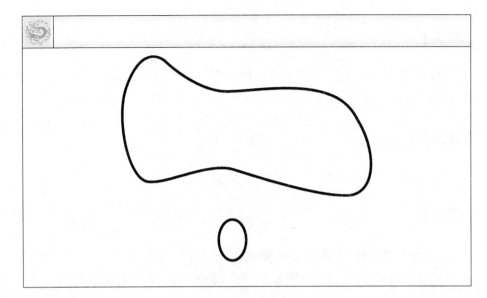

【评注】

　　穴前有横沟，龙气已泄，且此水呈足形，所以说主足疾。

【原文】

　　前山如木杓，媳妇抱公宿。（下左图）

【评注】

　　勺向外反弓，主此应。若勺向内环抱反为吉。

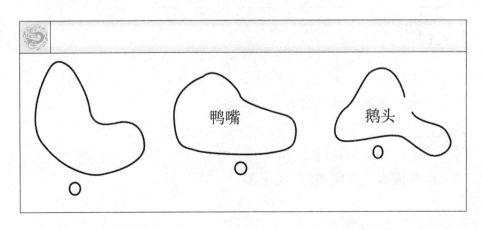

鸭嘴

鹅头

【原文】

鹅儿头，鸭儿头，女儿媳妇上秦楼。（上中右图）

【评注】

秦楼：这里指妓院。刘白头"十般无脉绝"有"鹅颈绝"云："护送不包穴而皆尖利，本身虽逶迤不可谓活龙，乃鹅头、鸭颈，单寒微弱，所以说主绝。"即此也。廖禹曰："鹅头鸭颈出风声，淫乱不堪闻；多在平山与平地，有穴也须弃。"因其形全无手脚，并不走动，葬后有"覆宗绝嗣"之祸。

【原文】

朱雀一坯地，此穴乐安然。
更有后河兜，富贵岂等闲。（下图）

【评注】

前有高地为案，后有水缠为托，真气完固，所以说为吉地。但穴不宜离高地过近，过近则有逼仄之弊，求福反祸。

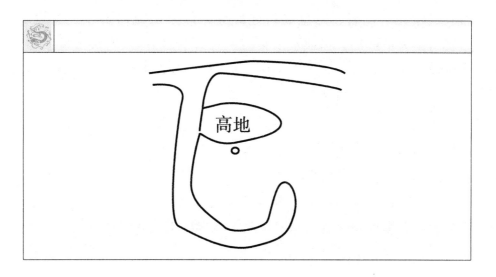

水龙经卷五

总　论

　　此卷水龙天星垣局，乃伏龙山人董遇元述景纯氏之言。董君不知何代人，其三十六穴，上应天星，而每局括以四言十六字，有驸马、仪宾、京堂等语，乃本朝物色，其为近代人所撰，有明证也。虽不出于景纯氏，亦景纯氏之流。我考杨公以后地理之家，少有能文之士。惟赖布衣，盖以奇才生当元运，佯狂诗酒，晦迹江河，其中有歌咏，文才横发，见于会稽诸县记可证也。我向以为赖布衣之才无与比者，不意又得之此卷，形家诸流何多才之甚也。至其所论天星垣局，但取水形相似。古语不云乎："在天成象，在地成形，地有斯形，实与天象遥相应合耳。"以此明天星垣局，与世人所传二十四方道各分星缠者天壤。

　　盖地有定位，而天无定位，虽有十二次舍，不可浑配地之二十四山也。所以说天星之说，古今所崇尚，而我独以为无考证之。往日见翰林学士，断定出于巽辛；万里封侯，未必皆生庚震。即便历代帝王发迹之地，亦未尝尽属三垣来龙也。所以说据方位之合天星，不若据形象之合天星有证也。我存此书，盖将尊其名，广其类，以显水龙作用之大，使学者知所崇重，以应乎与山龙不分轻重耳。三垣九野，列宿甚多，而水安能一一举天星而比拟之哉。

故执天星以论水局，取合天星之水局，然后知水局之尊贵不多也，学者毋以文害志可也。

大鸿氏笔记。

分　论

华盖星

龙额藏珠，贤辅所生，上应华盖，葬随曲衡。

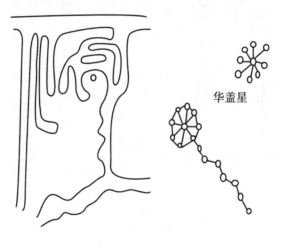

华盖星

华盖星

【评注】

华盖星居紫微垣，由十六颗星组成。上八星雄镇八方，团团环绕中间一星，恰如九宫。此形如一水单缠，环抱穴星，屈曲而去，气完形秀。若居环抱中立穴，呈来水秀气，内气外形皆收于穴，所以说葬图华盖星后出辅佐君王之贤臣。

三十六天象图，原出郭璞的《水钳秘义》一书，对三十六穴
一一作了详细注解，读者可参阅该书，但蒋大鸿在此也不怎么赞
成，所以下面只作了解参考，不再点评。

河汉交度星

河汉交度，东西二藩，
真穴奠下，近侍官班。

轸宿星

蟠龙饮乳，轸宿所处，
穴点京堂，旁为骠骑。

河汉交度星

轸宿

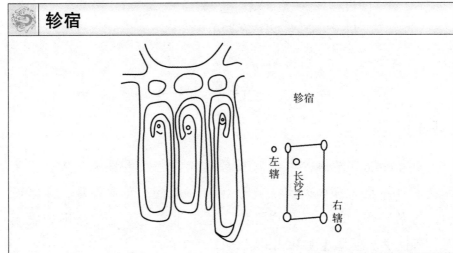

天苑星

天府坝簏，曜通天苑。
穴点龙晴，名扬翰苑。

将军星

虹飞饮海，将军气扬，
帷幔内穴，威振边疆。

天苑星

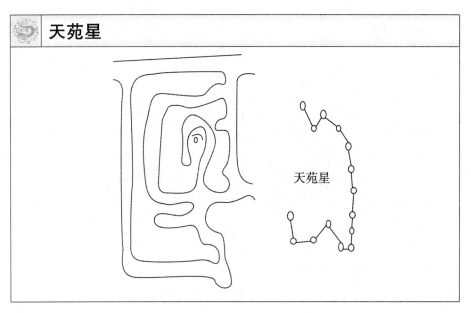

天苑星

将军星

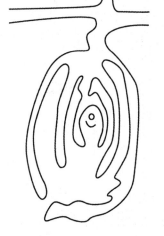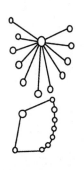

将军星

天钱星

锦屏挂镜，上辉天钱，
穴藏中宿，主嫔贵贤。

天钩星

金钩挂月，天钩人垣，
饵穴居内，可钓显官。

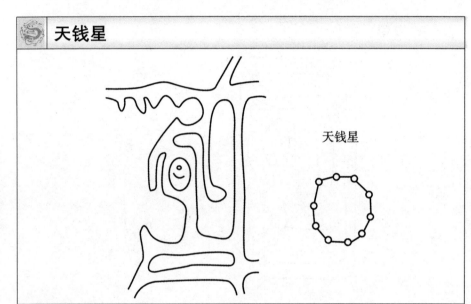

天钱星

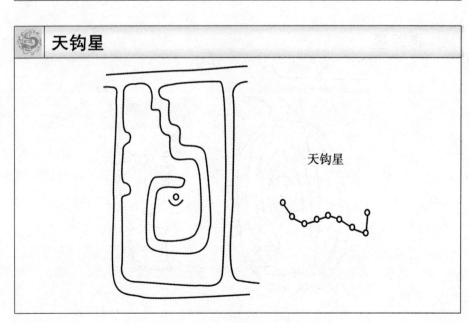

天钩星

织女星

天衢献印，渐台承应，
穴居中毂，贵拥万乘。

天厨星

天厨玉膳，天皇内厨，
鼎釜取穴，珍羞脂肥。

织女星

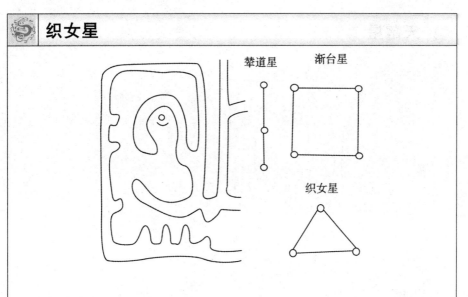

辇道星　渐台星

织女星

天厨星

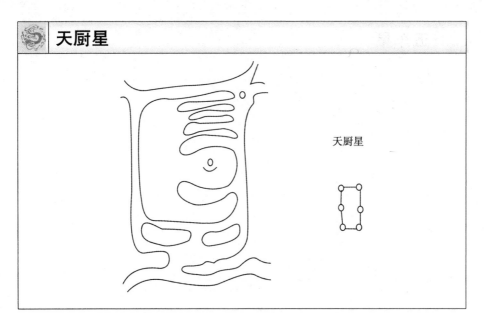

天厨星

天竟星

龟浮莲形，天竟暗照，
穴若莲心，耆福之兆。

五车星

琼屏玉架，上应五车，
牙签夹穴，翰史荣华。

天竟星

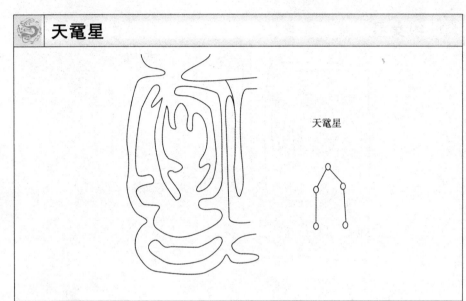

天竟星

五车星

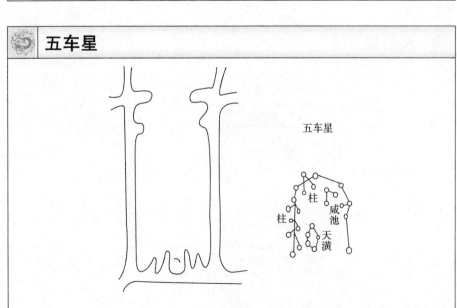

五车星

柱
柱
咸池
天潢

翌宿星

玉阶五级，翌宿所居，
穴来羽翰，飞步天衢。

八奎星

琼筵结彩，八奎聚灵，
隐褥取穴，锦绣联英。

翌宿星

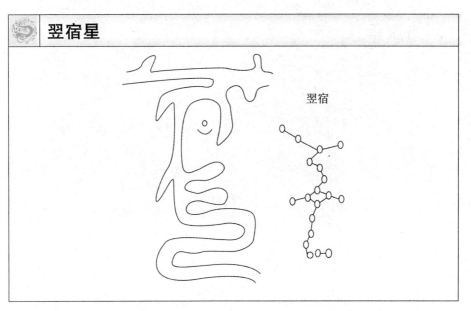

翌宿

八奎星

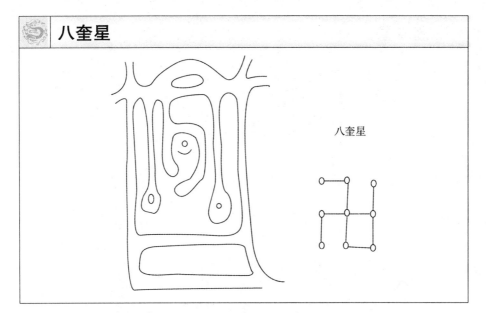

八奎星

斗宿星

金阙琼帏，斗宿所藏，
穴转曲窝，金资万箱。

器府星

玉堂文幕，器府磷磷，
福居穴内，笙歌满庭。

斗宿星

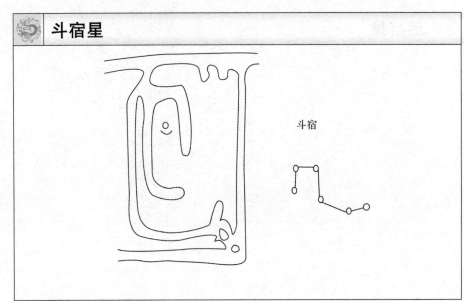

斗宿

器府星

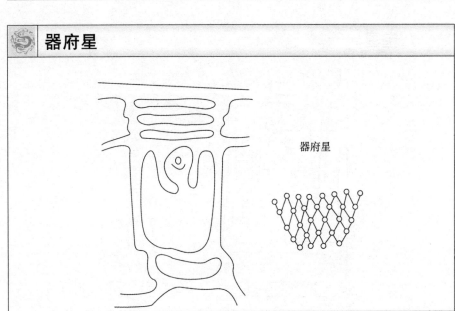

器府星

天纪星

虬龙蛰首，女床星列，
穴卧唇檐，肥腯贤哲。

天田星

方城秀衍，上配天田，
葬居中穴，阡陌连绵。

天纪星

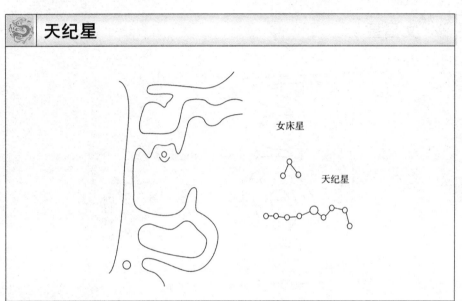

女床星

天纪星

天田星

天田星

九坎星

文昌星

玉练缠天，上应文曲，
穴居剪裁，补衮之职。

库楼星

全阙牙班，库楼森张，
玉案作穴，列爵鹓行。

文昌星

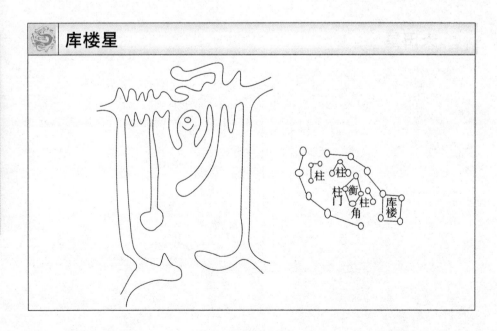

天师星　文昌

上召

库楼星

天厩星

豸横九畹，天厩曜明，
穴点豸眉，负宸扬名。

斛星

阳河潆浸，上应斗斛，
穴钟自精，冢宰之职。

天厩星

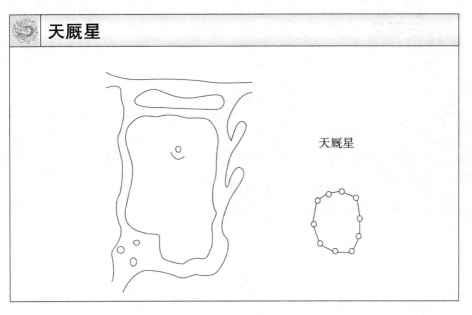

天厩星

斛星

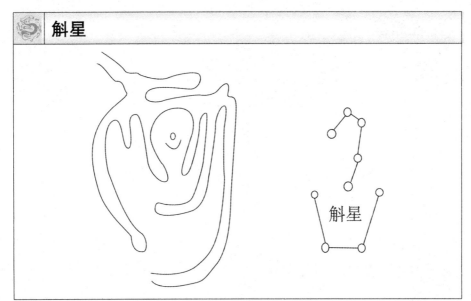

斛星

阳隰星

阳隰缠辉，即位宴叠，
参差点穴，簪缨九里。

左旗星

骥嘶掉尾，左应旗星，
葬系其颈，阵上扬名。

阳隰星

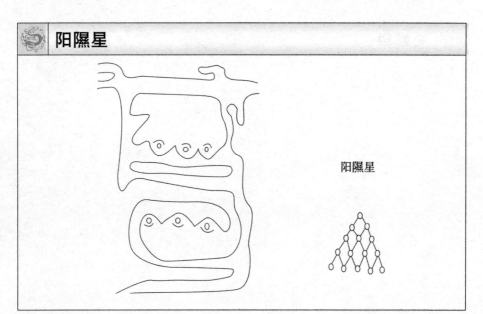

阳隰星

左旗星

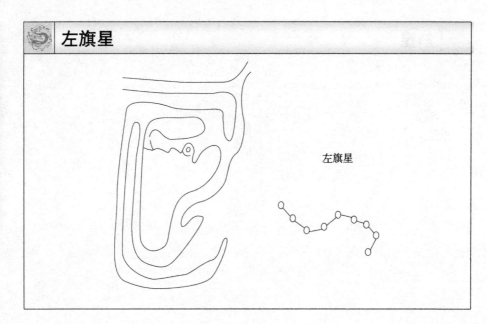

左旗星

中国传统术数总集 第一辑

六甲星

神龟食蛤，六甲奋光，
穴居丰颈，变理阴阳。

天庙星

日月分精，天庙显星，
葬阳御阴，男女双英。

六甲星

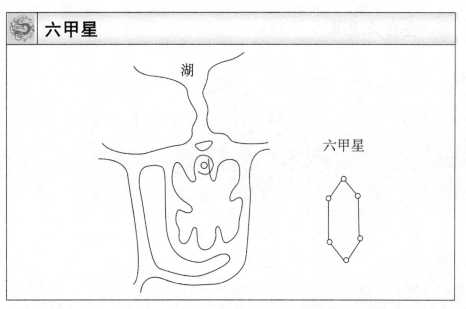

湖

六甲星

天庙星

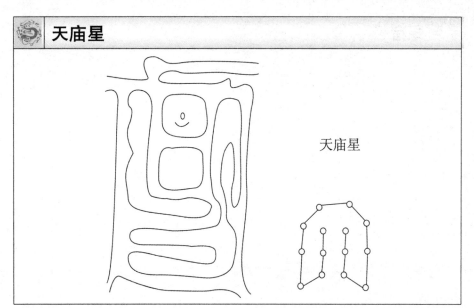

天庙星

左右势法星

双虹取英，左右执法，
穴齐端门，功名显达。

尾宿

春蛟赛月，蜿蜒临湖，
神宫取穴，名显皇都。

左右势法星

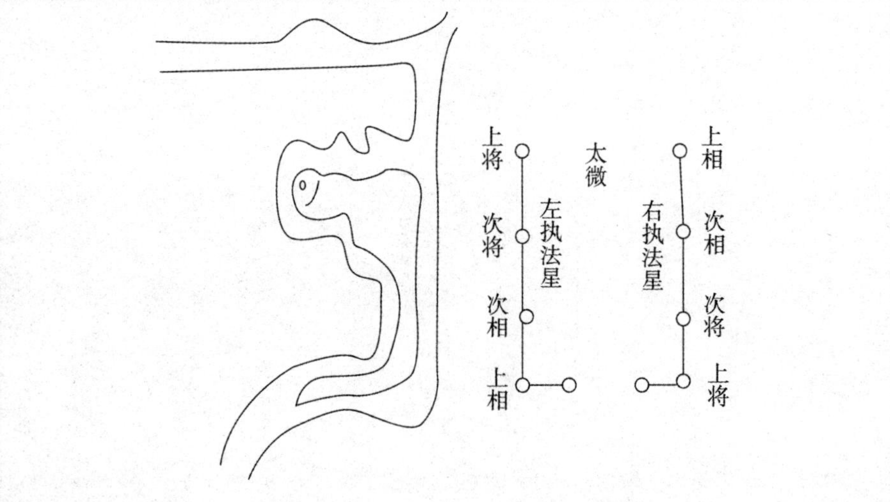

尾宿

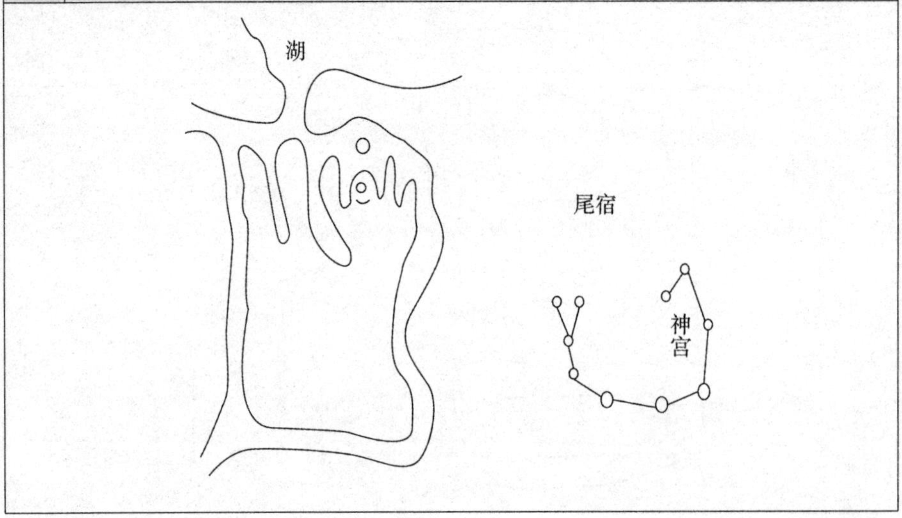

牛宿

金盘出匣，牛宿所临，
葬看点穴，绮席华茵。

天困星

金仓玉粒，天困显赫，
葬其中廪，锡禄万石。

牛宿

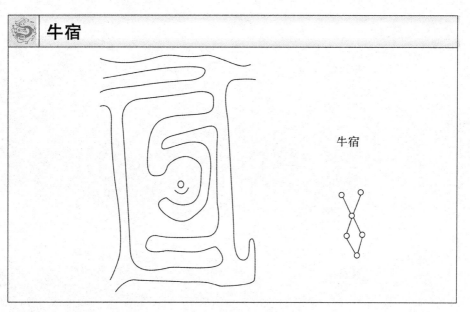

牛宿

天困星

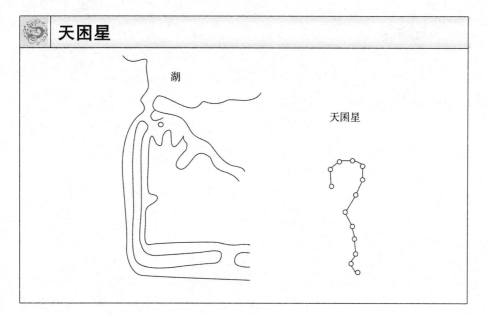

湖

天困星

天床星

玉女铺床，天床森照。
驸马仪宾，穴居闺奥。

天溷星

绣纬银钩，天溷外屏，
茵褥取穴，御苑芳英。

天床星

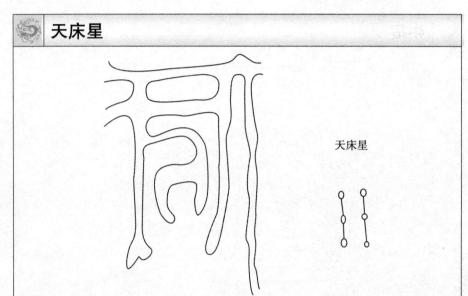

天床星

天溷星

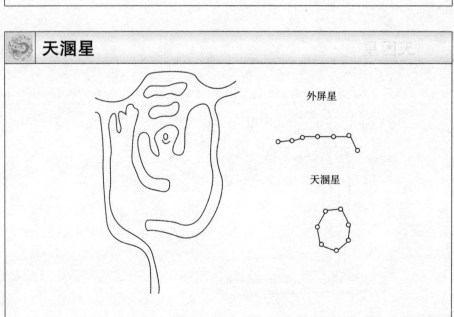

外屏星

天溷星

156

壁垒阵星

平沙落雁，穴点羽林，
壁垒桓桓，武柄文衡。

积卒星

金莲侧露，上应花心，
上临积卒，统驭千军。

壁垒阵星

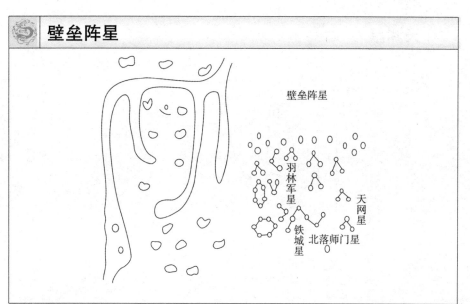

壁垒阵星

羽林军星
天网星
铁城星
北落师门星

积卒星

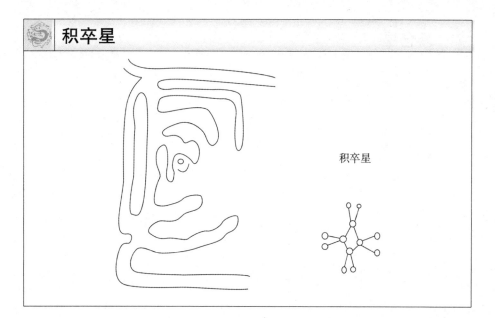

积卒星

中国传统术数总集 第一辑

天渊星

珠胎泻月，上应天渊，

穴葬内地，食禄琼院。

天仓星

玉衡挂斗，天仓显文，

柱史储卿，葬依云屏。

天渊星

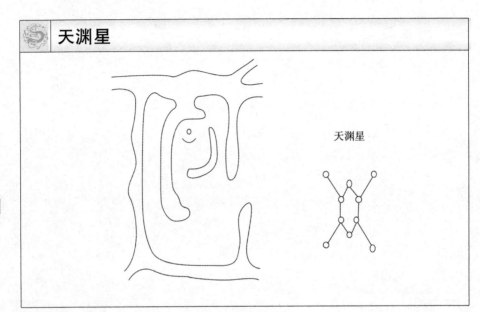

天渊星

天仓星

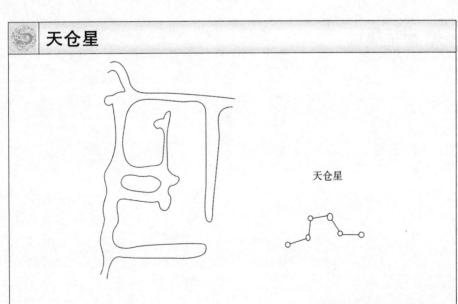

天仓星

奎星

天枢地轴，威名千里，
穴居其中，奎宿所履。

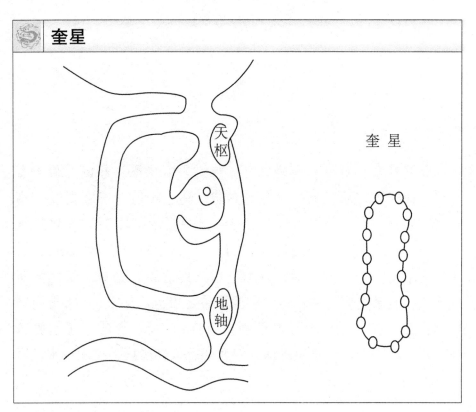

奎星

奎 星

续水龙经

【原文】

　　此卷专言水龙象形肖物之义，与天星垣局厥旨相同。盖天有是星，即地有是形。水能象星，亦能肖物，此与《玉髓真经》指物论龙固归一例。原本亦云："景纯氏作其文不古，比之星钤有雅郑之异，乃后人之傅会无疑也。"我最喜其篇首"山群以山为龙，水群以水为龙"二语，为地理家千古开辟之论，必非浅学之流所能庶几。其余文多粗率，意多穿凿，略之可也。又云："水行交锁织结，虽顺亦吉；局内穿割箭射，纵逆何庸。"允哉，通达之言也。若探其为局，则草尾露珠，双龙戏感入怀诸格，又深得水龙微妙。作法而乱中取齐，则又裁穴之真机，确乎不易之至论也。夫喝形点穴，我于山龙深辨其非，兹于水龙，反取其说，何也？要亦因文节取，读者贵有变通耳。我亦缘世人论平洋者，专取地之为形，而不知水之形为形也。故博采其义，以破世迷，纯乎一家之书正论云耳。

大鸿氏笔记。

【评注】

　　喝形点穴是古人留记诀。喝形点穴实古今之正传穴法之定论也，宋朝国师张子微著玉髓真经，书中有"真龙名髓图"一百四十四幅，对各种龙格的作法均详细地作了介绍。但在一些地方有支离其说的感觉。可我认为山川只可以理会，不可以形拘。此亦言喝形之非。而此节却又郑重推出者，并非赞成喝形点穴，而是注重强调水龙和山龙一样重要。提醒人们，水龙亦上应天星，下应物形，不要只重山龙而轻水龙。

水龙寻脉歌

【原文】

地理之术世罕逢，阴阳真伪妙难穷。

寻龙捉脉观山水，岗阜平洋总一功。

平洋之地水为龙，四畔茫茫岂认宗。

若使明师精妙理，追寻源流辨雌雄。

水龙妙法少人知，慎勿轻传与俗师。

达者悟之明此理，愚人不晓岂能为。

玄武之水是龙身，定穴君须看的真。

水积必然龙有穴，水流气散不堪陈。

大水萦回是干龙，小河支接干亲踪。

干龙气尽难安穴，作穴支龙富贵丰。

玄武之宅有湖池，立宅能令福气随。

坟墓穴前宜此水，儿孙富贵著绯衣。

河兜池水不通流，水若通流气不留。

若见田堤关水口，儿孙富贵永无休。

大河之脉气归弯，湖内砂明应案拦，

下后儿孙多富贵，能令白户出高官。

流来水势似刀枪，射胁冲心不可当。

中国传统术数总集 第一辑

尖利田堤为绝地，杀伤公讼退田庄。

后来水龙似反弓，出人忤逆各西东。

若还遇此反弓水，退败田园守困穷。

水要弯环莫直流，直流之水是为因。

更兼四畔无遮掩，浪打风吹不可求。

十字水流后与前，廿字井字总一般。

此为市井人多住，若是一家不可安。

抱身之水势环坟，穴后龙真气脉纯。

葬后其家多富贵，儿孙荣显作王臣。

【评注】

　　寻龙捉脉重在"寻"字与"捉"字。古人常说："穴之贵贱在龙，龙在峡；山之祸福在水，水在向。所以说源上寻龙，龙上论峡，峡上辨脉，脉上求气，气上认穴，穴上观水，水上定向，此要道也。"

　　《心眼指要》云："平洋龙法，眠倒平铺，若不统观全形全势，凡遇一钩一搭之所，似乎面面有情，处处可穴，孰知并非真气所注。所以说必得统观全局，追踪寻脉，方晓一切钩搭，悉属随从之翼辅，扛送之枝脚。"蒋大鸿在《天元五歌》中云："我有水龙真要诀，水龙有转是真结；直来直去龙之僵，有弯有动龙之活。"《归厚录》注云："枝水、干水各有结与不结，不得概以枝水即是结气也。若有胎息，在干水亦为结气。若无胎息，虽属枝水亦为不结。胎息者，水之屈曲转弯处也。然转处又须无分行渗漏，乃为真息。盖水脉一转则地气一蓄。若有二、三、四转，其地之真气养蓄纯全，胎元满足，葬下立发，福泽悠久，云雷变化，定产贤才也。若水虽曲转，而转角之处别有分流，如两路三叉，则元气泄也，谓之漏道，岂能有胎乎？大都干水行龙须有息道，而后龙为真龙；枝水结穴亦须有息道，而后穴为真穴。小干有胎息，亦可立穴，不必

皆枝也。若无胎息，并不名龙，何况求穴？"此平洋水龙寻龙之法。尽管山龙、洋龙、水龙名称不同，寻龙之法却一样。

章仲山《心眼指要》云："点穴之难，难于认气；认气之难，难于认脉。夫脉细而软，和而缓，动而微，如人身之脉一般，有呼吸浮沉之动气者为生；直硬粗顽者为死。脉之向背动静，即是脉之变化生死；忽隐忽现，若断若续，亦是脉之变化生死。苟能识得气脉变化生死之真情，由气脉再察气色之荣枯，穴情之隐显偏正。任尔奇奇怪怪之穴，自无遗漏也。地理之道不离乎形气精神，所谓有神即生，无神即死者，此也。脉之形象盖有数种。有一种可一望而知，有一种初看似无，细看实有者。或从本身看者，或从对面看者，或有从旁看者，细看方能观脉之生死也。要之，穴之有无真假，都在此来龙来脉上讨消息也。"《堪舆经》云："动中观其脉，静中观其气，动静之间，气脉须明。势求动中之静，穴求静中之动。"注云："有脉则动，动处是脉，当观其旺衰清浊到于何所。静则山止而静，须求气显之气为穴。看地之法，千山万水，不明气脉，前功皆费也。"

水群肖象格说

【原文】

山群以山为龙，水群以水为龙。三吴诸郡，江楚二省，枝浜交流，一堤之地，不过里许，前贤谓以水为龙，正此处也。相水认势，葬得真穴，富贵悠久。经曰："江淮大地无龙虎，渺渺归何处；东西只把水为龙，葬了发三公。"千里无山，英雄迭出，其贵在水。纵是浙闽多山之地，一离山脉，亦作水局。至于苏淞之地，近海通湖，六时潮来，六时潮去。来口便是去口，去口便是来口，两头交媾为交精，潮退两分为乳荫。妙处在乎潭旋，生活喜其之玄。潭漩叙精神百倍，之玄现变化无穷。屈曲来朝，不论大河小涧；远流曲抱，无分江海池塘。经云："地道刚柔神变化，众流聚处引玄机。"小水多聚而愈妙，直流纵大不为奇。内直外钩多巧结，内钩外直枉劳心。横过抱局为抱身，对面曲朝是迎神。进局入怀，要两边之抱应；流来人腹，须四畔以包藏。

前后特秀，即为华盖；附身交合，便是金鱼。两水合局是朝堂，二派交流为合脚。六建四边皆护卫，三阳当面似趋迎。金鱼腰带旋绕湾环，弓局天虹当面大抱。上下水朝，号作雌雄两感；绕身方正，即为华盖幞头。裹局枝浜奇特，遂处华荣；穿珠垂乳源头，即时富贵。献诰水英雄三世，藏秀局富贵千秋。叉股无缠而骤发，迎神得秀以绵长。四龙戏珠，大富大贵；四围环抱，悠久无疆。交剑合流生武职，催官盘绕出文臣。左右仙掌俱富贵，莲花垂仰定阴阳。势若踢球须得趋，形如飞凤翼宜长，仙掌抚琴登甲第，卷帘殿试耀巍科。一水曲小盘蛇局，两浜正抱似开弓，美女献羞生秀气，排衙形局出官僚。太极二源真秀贵，蜈蚣百脚产英豪。虾局富而雄豪，金城贵而悠久。高朝局大则出姓，幡花形一发便休。草露擎垂在取尾，露薄则出姓绝嗣；顺风船穴在居中，船大则荣华富贵。顺水卷帘而入赘，舞旌脚转始堪裁。风吹罗带，发福迟而绵长；伏荫金鱼，富饶先而后贵。插花垂带，衣食从容；进局人怀，福禄悠久。金钩宜转脚，朝元要水多。裹局阔大而不朽，交牙紧夹而有情。日字局有吉有凶，鞋城格分真分伪。盘龙局势盘中取，虹食彩霞聚处寻。擎伞水扦垂尾，龙形局取中寻。双龙戏感合阴阳，一水垂丝钩里取。四水归朝防散乱，聚堂旺局忌乘风。砂水相关真妙局，回龙顾祖巧规模。势有排衙，裹局蛇生，朝聚多情，蛛丝聚布。聚处安扦，重抱盘旋，水多愈妙。中军垂乳，有外抱而财禄荣昌；土宿聚堂，得秀朝则累科贵显。四势不流元气聚，弯弓一抱福天然。来长去短，福荫无疆；射胁穿心，凶祸立至。大抵来宜屈曲，去宜之玄。急流者易于兴败，凝静者福寿绵长。水口交锁织结，虽顺亦吉；局内穿割箭射，纵逆为凶。此等水法，理致最微。不特知之者鲜，而讲之者亦少矣。

【评注】

"山群以山为龙，水群以水为龙以上"一下子点出了风水山龙和水龙的精髓，被历代传诵。以上均言龙脉在吉凶之地所收诸格之妙，向我们解释了来水愈长，龙脉之气愈厚，富贵愈悠久绵长。去水愈短，泄龙之气愈少，龙聚之气愈精，生气尽聚，福荫就越大，虽然时续水龙经的内容，但也不失为讲水龙的精华。

蔡季通喝形点穴

对于初涉地理者，其立穴之妙实难领悟。且山水之形，千变万化，点穴之法，也因形各异，只有融会贯通，方能识其玄妙。蔡季通在《玉髓真经》"发挥"中对形象法立穴作了详细的注解，特摘有关章节以全其义，并供大家研究。

人形：分背面、坐卧、侧正、醉舞之别。男不下阴，女不下乳。兰亭无穴，侧形多下坐卧；坐卧多下跌踞处及脐腹气海等穴；侧形多下手掌曲池及膝腕等穴，正形多下胸腕、脐眼等穴，醉舞多下心胸、怀胁等穴。既分背面，又分男女，夫山形漫然，安知其男女耶？于好乐、应星即见是男是女。如好乐有琴、书剑、圭璧、尊罍、钓竿、旗盖、鞍马、帽笏等，皆男也。女看钗梳、镜尺、妆台、衣物、辇轿、鸾凤等，皆女也。识男女即真，然后依法为之。

兽形：分行走、上下、出入、卧乳、伏降、斗睡、饱食之别。亦当看背面，背向无穴，惟于面取之。睡卧、奔走多下鼻息、气堂等穴，盖走与卧当于气盛处取之。上下、来去、出入却看先后，大情在前，则取眼目、山根、须角、鼻观等穴；大情在后，则取其后腿、腹下、气堂等穴。行、乳多在眼目、而乳或在乳。降、斗则羞眼前、角心、山根与爪等穴。伏、卧、饱、食多在鼻观、口舌。

禽鸟形：分飞翔、饮啄、浴抱、舞斗、理翅、翘足之异。此只当先看飞立之势，趋上水、下水为之取用。翔飞、舞斗多下翅者；饮啄多下眼、喙间；抱形多取腹、取卵。惟项下一穴，不可下也。

蛇形：仅有七寸、气堂，余不可下，多发瘟疫。凿王字者，多损蛇。入穴上山，反后下尾，舌与气，不可下。至如腰腹上下来去，亦皆不可下。

蜈蚣：只有一穴在口中，余皆无穴可下，但杀师。

鱼：看上下水如何，腮及后孔是穴，或下尾、下鬐鬣，又各有取用。出水鱼，或下口；引子鱼，或下尾，亦观情势如何也。

螺形：则有行食、出壳、藏壳之异。所以说穴亦有靥、有头，及有顾壳之别。

龟鳖：各下左右肩。有应星而阔扁者为鳖。有蛇及土星真武，或龟子，高而圆长者为龟。龟应不专一物，而鳖应必须有星。盖天文鳖星，居天河之下，箕斗之间，自有乐星在其旁，所以说地下之形，即天上之星。必有应星，如天文而后为真鳖形。龟、鳖皆有引子，而鳖有抱卵形，鳖卵必别聚一处，此又物理也。鳖皆影抱，身在水涯，而卵居岸上泥土中，必不同在一所，所以说一、二在前之左右者，应星也；或三或五在侧与后而又聚集者，抱卵也。卵高鳖低不害，为之形真。

花形：惟花心。木形当下嫩梢及形花结秀处可下。

幡旗之形：多于闪动处，幡在中股，而旗在花心最的处，或下七星处，点亦是穴，或看朝应如何。

琴：下大徽。无徽，下用指弹处。

月形：有满月、缺月之异。满月下弦，缺月下魄、下角。

狮形：以球证之。所以说见其形，凡面平而方者，狮子也，他兽面不平、不方。辨形者，以此为诀。乃狮子必带球，尾、头大身小，前重后轻，前昂后俯，有回转戏球之势，此狮子之情也。凡伏师、卧狮，则多取鼻观或王字。如戏狮、引子狮、戏球狮、伏虎狮，多取穴于眼，盖精神在眼，以其顾盼取之。

虎之形：惟鼻、眼、爪是穴，取用各不同耳。不惟降狮、若伏、卧等形，眼鼻单下，亦须通变，下额穴也；爪穴，如引儿等，亦可下，不独捕捉之形取之。达者自通变耳。

龙形：其貌多岩岳，有山根升腾之龙，必有鬖髯，龙无鬖髯则无力。关节亦长，此真龙也。其应则雷电祥云、日月、云梯、飞雨、湖潭之类应之，有云则升。

凤形：多贵，以带尖曜故也。然穴最难下，常以毫厘丈尺之差而有贵贱之异，所以说识穴不真，不若不下，恐误也。大抵凤之形，有以金笼、玉架、方笼、百禽、奇花、梧竹、殿格等应之。其形体则展转清瘦，翔集顾盼，多从高冈而落，此则凤之形也。其取用则翅肩、翅梢、冠喙、眼，凤不下胲项，审此则得凤之形，知凤之情。穴则于朝应上取之，情势紧重处取之，万不失一也。

牛形：牛之力在峰颠，所以说下此穴。牛之应，犁鞭、浆塘、草池、平野、牧奴等取之。穴则有鼻眼、堆峰、蹄角、耳腹之类，看取应如何。牛旋转在车后，穴下车心转轴处；若金牛牵车，则又以车轭取之，而下峰颠穴也。牛出栏，必昂头、舒气、舐鼻，所以说取鼻穴。

喝形呼穴，只不过使初学者辨认耳，与龙脉并非紧要。"寻龙之难，识星难，识格尤难。自杨廖精于言星而不言格，张公详于言格而不言星，二者孰优劣乎？以星体论者，自有尖圆方曲之定体，而可以捉摸星体其本也。以形格论者，不免毫里疑似之难辨，善会其意者，因格求义，随所触目，剖其分明，斯为得之。喝形呼穴只不过定穴之末道，所以说只要龙真穴的，尽可剪裁，不必拘泥其何穴何形耶。

举例，下面两位贵妃祖地。

美女梳妆形

□下眉心穴，以下无正穴，左肩凹陷，故于高平处取之。

张贵妃祖。出一国夫人，一贵妃。举家因女大富大贵，满门朱紫封侯。蔡西山发挥曰：此穴不可为常法。见得美女形真，梳妆有镜。又当回避左肩之凹陷，下仍无穴可安。而后断然取高处平地扦之，始无可疑，否则效颦西施，失步邯郸矣。

宫娥执帨形

□下心穴，以御案高卑取之。

王贵妃祖。出入先高科登第。女为妃嫔，男尚公主，侯封传爵，朱紫满门。蔡西山发挥曰：此地之贵。全在御屏相对，外阳尖峰出，是以贵盛如此。凡下此等高穴，皆是有天然平处。非如今人泛然定穴，高下皆无经据之比。但龙身包客山，主得外财。亦主女人有外情，所喜一水界断，不全入怀尔。

美女梳妆形

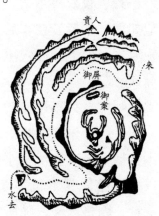

宫娥执帨形

续水龙经阴阳宅

总　论

【原文】

地理之书，真伪杂揉。山龙犹有善本，平洋只字不传。世本纷纷，类皆不知而妄作。俗士罔察，谬以高山龙法与平地同论，遂使安坟立宅，尽失其宜。中格合符，百无一遇。固天机之秘惜，亦俗术之误人。睹此茫茫，可胜悲惋。

余自无极真传，洞悉高山平夷阴阳二宅秘旨。曾有水龙一书，藏之名山，未敢轻泄人世。庚子春，偕我友余晓宗，遇同郡邹子客，有以水龙一卷见示，与余所藏大同小异。披览之余，深叹幕讲文成三百年绝学亦有从推测中得其梗概者。其书不知何人所著，其年应在神庙中，大约江湖术士历览已成之迹，不拘牵于俗论，而自抒其所见，有如此者，虽未究精微之旨，亦可谓英敏绝妙之才也。其亦有所传授以及此乎，缘未识三元九宫秘要，又所见成败废兴，皆中元甲子格局，其论列方隅体势，尚多偏曲庞杂之机，我为删正讹失，其合道者若干篇，缀诸我所藏本之末，与第二卷图例互相参考。虽间有重复，而层见叠出，益证大同之旨，庶作者之初怀不没，而学者亦可以广义类云尔。

杜陵中阳子蒋平阶大鸿氏手订并题

【评注】

从古至今，地理风水分为两大派，一是理气派，一是形法派，或称峦头派。张承华云：堪舆之学，其说有二："曰峦头，曰理气。峦头论龙穴砂水，以察生气，体也。理气言元运方位，以著应验，用也。元体则用无所施，无用则体不灵异，而葬之或不得其当。二者皆不可偏者也。"摘此敬告读者，可知理气，峦头关系也。阳宅论水与阴宅略有不同，阴宅的条件著重于紧密结聚，阳宅则著重于宽敞平坦。蒋大鸿将宅分为三格，大凡来水去水喜忌，与阴宅同。来喜屈曲环绕，去喜之玄回头，最忌直来冲射，直去泄气，斜窜反跳，与宅无情，亦为所忌。

一、城市之宅，用街巷、道路为先，方隅、门风为次，而水局又次之。

二、旷野之宅，旷野之宅，以水为主，而门风、方隅次之，道路又次之。

三、山谷之宅，山谷之宅，以风为主，而余皆次之。

【原文】金星城格

水星化出五星名，龙取金城最吉星。
不论枝流并干水，无分池沼与沟汀。
左圆右抱皆堪喜，后倚前来并可亲。
若得此形为穴体，管教福至祸无侵。

金星凶格，即下写不取格。阴宅同。金星如仰外，家宅田园败。（蒋大鸿补图并此即取格）（下图）

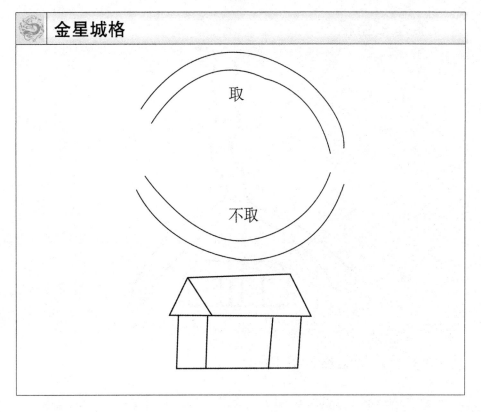

金星城格

【评注】

此即反跳水，反身背城者是。此水极凶，主为军为盗，离乡打劫，生离悖逆。卜氏云"水绕过穴而反跳，一分不值"。

【原文】金水相生格，阴宅同。

金内水外，贵多福少。金星如出水，短水方为贵。（下图）

【评注】

水似半月绕宅为金体，屈曲而动为水体。若当面水屈曲来朝，与金水相合，是金水相生，大吉。若前水是去水且长，则是水泄金气，反主凶。

中国传统术数总集 第一辑

金水相生格

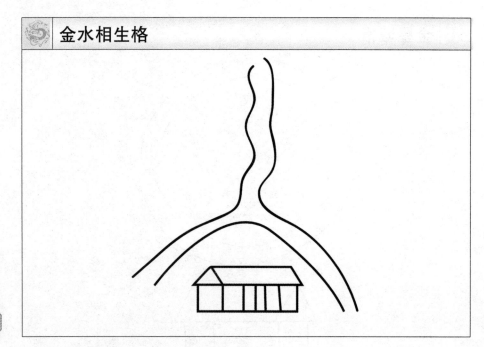

【原文】金水泛滥格，阴宅同。

金水太纵横，泛滥起风声。穴中若漏气，屡损少年人。

纵有官和富，其家必主淫。不如为寺观，香火得殷殷。

蒋曰：此为漏气多，所以说亦少吉。（下左图）

金水泛滥格

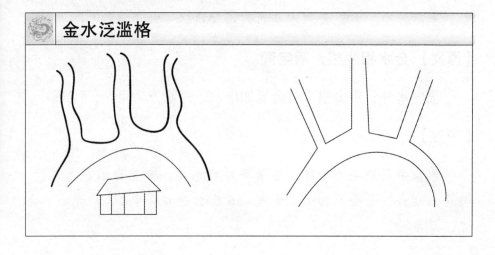

【评注】

内城金体，外形水体，三水流去以泄金，所以说"漏气"。

【原文】木撞金城格，阳宅同。

城垣之水木来冲，纵然秀丽也为凶。
左冲长绝右绝少，中心仲子不留踪。
房房户户皆遭害，忤逆淫邪刑狱中。（上右图）

【评注】

直水属木，冲撞金城，大凶。

【原文】重金格，阴宅同。

三金如品列，家计常保人。外水如反弓，吉中未免凶。（下左图）

【评注】

此水虽三重，环如金城交会宅前，但左右二水反弓，若为去水，初虽可发，终须败退，若为来水，却主吉庆。

重金格　水星城格

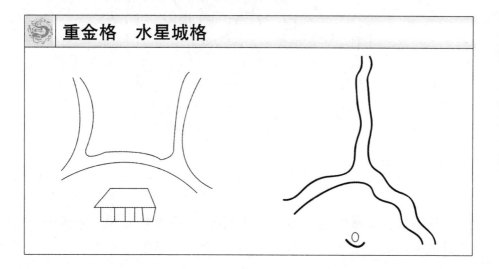

【原文】水星城格，阳宅同。

水城原是太阳精，个个山头着月星。

财禄丰盈人秀丽，翰林魁解有文名。

水星若带水星来，朝人绵绵富足财。

更得金星垂两畔，官高职显列金台。（上右图）

【评注】

如下侧唐姓祖墓：巽方大龙从震艮而去，寅甲方落脉结穴。左右两砂环抱，内堂壬水聚蓄如镜。亥方停贮，戌乾方开洋，辛酉狭细，庚申方又开洋，仍从坤申转至庚酉辛方又开洋．再转至未坤申方出大河，又开洋如镜放光。

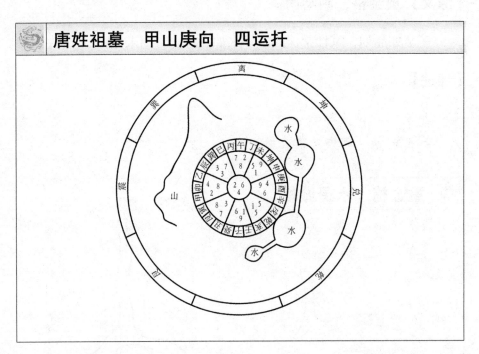

唐姓祖墓　甲山庚向　四运扦

仲山曰：此地齐整极也，又开洋处合得天卦旺神，岂有不大发财富乎！有言内堂壬水主发科甲，财不到百万不止者，不知功名以坐山定，以城门定。此地富有余而贵次之，科甲之说乃胡猜也。此地水流屈曲归地，又得开洋放光之妙，且水到水，山到山，所以说主大富。惜乎地运太短，一交六运，向星入中，退财伤丁。至九一两运，又当起色，因九一两方有水故。

按：是地从寅甲方落脉结穴，所谓"龙行出卦无言贵"，运星廉贞挨乾。若水在戌方停著，则开元一气，亦犹城门。今停在亥，戌乾方开洋，其气未免不纯。又向上飞星一到乾，暗合生成，亦为城门变格。今乾方一系山星而非水神，坐山城门两无足述，所以说"科甲之说胡猜"。

此地以四、五运大利，六、七、八等运则衰退。水里龙神六白、七赤、八白皆不见水。九运开始，连续大旺。

甲山庚向，地运四十年，四、五运中，向首皆见水，所以说此两运大发。六七八运向上皆不见水，所以说退，九一两运向上又见水，所以说再起。言此局科甲胡猜者有误，八运向首一飞到，一四同宫，亦有科甲之运。此局长房大发，二房后发，三房平平。

【原文】文星格，阳宅同。

水如锦浪号文星，即是芦鞭委宛形。

盖世文章从此出，翰林鼎甲有声名。（下左图）

【评注】

芦鞭：水像芦根一样弯曲，或像鞭一样直硬，但摆折有度，谓之水木芦鞭。山龙多以过脉，水龙则以形言。

【原文】水内木外格，阳宅同。

水星如出木，家计应须足，倘或木头长，也出少年亡。

水内木外，发中有败。（下右图）

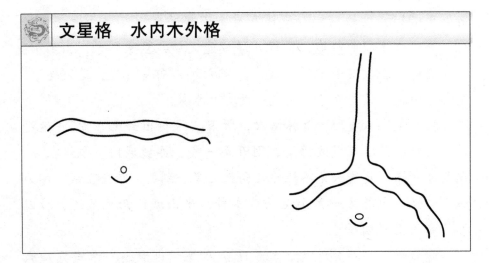

文星格　水内木外格

【评注】

　　水居内如玉带环抱，真气凝聚，必发无疑。但前有水直泄而去，龙气尽泄，所以说一发即败。

【原文】反土格，阳宅同。

　　土星若外飞，无水便离财。（下左图）

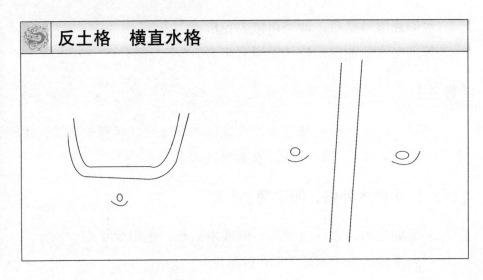

反土格　横直水格

【评注】

此与反弓水凶同。

【原文】横直水格

横木直木，总不堪亲。莫论富贵，后嗣伶仃。（上右图）

【评注】

不论横直，只要水如木尺，直来直去是龙行不住，气不凝聚。若立阴宅，定主不吉。若为阳宅，玄空派认为只要合元运，亦可发迹。

【原文】炎火克城格，阳宅同。

杀入垣城，狱讼遭刑，劫贼常闹，子孙伶仃。

大鸿曰：因见斜飞尖利之形，虽曲非吉，宜去之（下左图）。

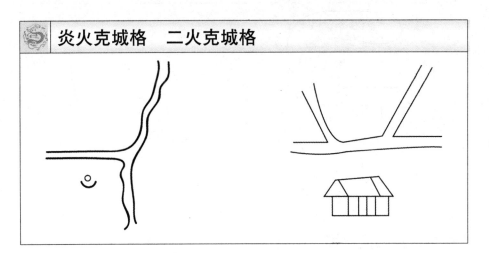

炎火克城格　二火克城格

【原文】二火克城格，阴宅同。

二火焱动长，朝朝哭无粮。（上右图）

中国传统术数总集　第一辑

【评注】

又云：二火八字开，灾蹉日日来。此二水虽直似木，但因其斜射，所以说曰火体。

【原文】兜抱水格，阴宅同。

屋前屋后有池兜，富贵永无忧。（下左图）

【评注】

巽水朝入，经离、坤、兑、乾、坎至艮而去，收住真气。因巽为四绿，属中元，所以说玄空派认为，中元四、五、六运发鼎甲。歌云："大水茫茫乾巽方，贴身远照总相当，中元宅气交乘旺，富贵之声不可量。"

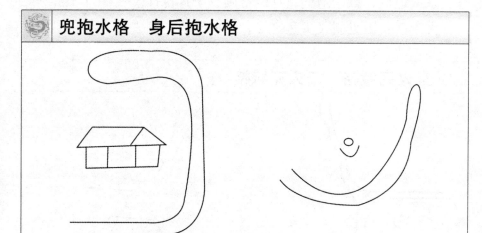

兜抱水格　　身后抱水格

【原文】身后抱水格，阳宅同。

水湾几千章，无如后抱良。回头看偃月，富贵定悠长。
发福悠长，定是水缠玄武。（上右图）

【原文】焱动火城格

焱动之城不可轻，水流虽小讼还兴。

若是城邑通流水，六十年中起甲兵。

大鸿曰：此本水星，因斜飞即作火论。（下左图）

焱动火城格　抱水城格

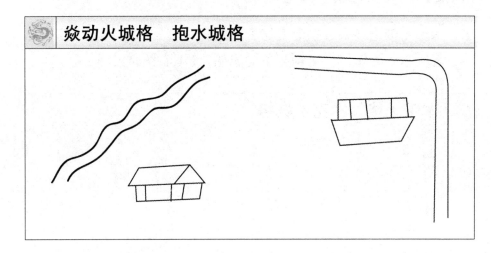

【原文】

抱水城格，阴宅同。

龙城弯抱过门前，富贵旺田园。（上右图）

【评注】

此形巽水直来，至坤方直矸至乾方又直去，毫无转折。若立阳宅，得运可发；若立阴宅，龙气尽泄，反凶，决不可扦。原文阴宅同，不合地理。

【原文】木带土格

木土曲直来，家富足钱财，左右同福。（下左图）

【评注】

此局与上局同，立阳宅可，立阴宅不可，一发即败，不能久长。

【原文】木克土城格，阳宅同。

木星专带土星来，土上安居方有财。
著取木星为贴体，克剥相争为患胎。（下右图）

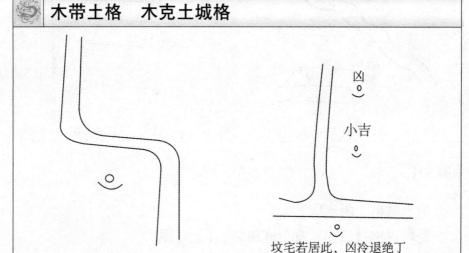

木带土格　木克土城格

凶

小吉

坟宅若居此，凶冷退绝丁

【原文】抱气水格，阳宅同。

两边前后似金钩，后嗣为官掌府州。两边前后有池兜，定主为官足智谋。枝水交抱气前钟，墓宅定丰隆。

大鸿曰：妙在后弯，不然无气。（下左图）

【原文】重抱水格，阳宅同。

虎水两重抱宅坟，家富足金银。（下右图）

【评注】

　　右为白虎，两重抱穴，是虎水重抱。以此局论，当立兑山震向，将两重水置于右边方是。

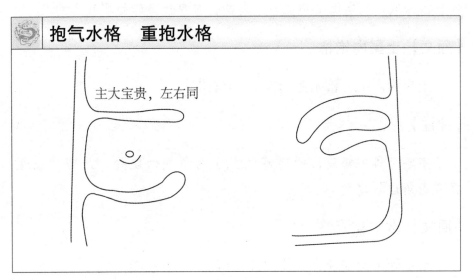

抱气水格　重抱水格

主大宝贵，左右同

【原文】土星城格

　　土星为曲转，富贵进田产。（下左图）

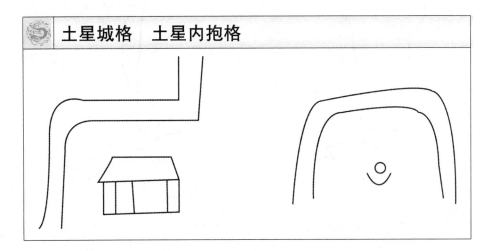

土星城格　土星内抱格

【评注】

水从坤方流入，转巽至艮流去，阴阳宅皆可取，但立向却有别。阳宅可立坎山离向，乾山巽向，兑山震向，或艮山坤向，可依地理而自由择取。阴宅则必须立乾山巽向，与角边弯转处取气方的。

【原文】土星内抱格

土星为内抱，富贵盈财宝。（上右图）

【评注】

阳宅可居中修建，阴宅却须立于两角气动之处，此即"土星立穴看角边"之意。

【原文】水木交流格

水星硬木两交流，一房兴旺一房愁。（下左图）

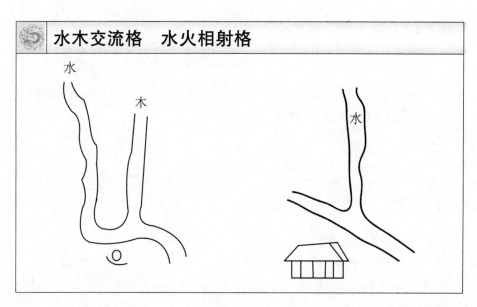

水木交流格　水火相射格

【评注】

左水屈曲来朝有情，左为长，长房发。右水僵直来撞，右为幼，主小房忧。

【原文】水火相射格，阴宅同。

水火若相射，瘟火讼交争。（上右图）

【评注】

上水屈曲朝入为水体，本吉，但抱身水直硬斜射为火体，真气不收，反凶。

【原文】曲水抱城格

青龙头水方抱身，家富出官荣。（下左图）

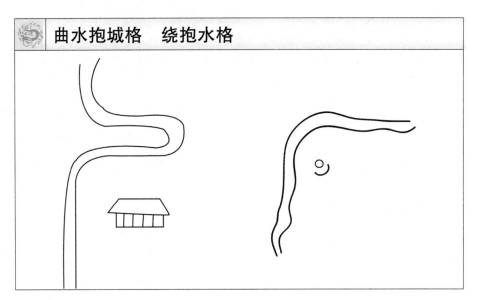

曲水抱城格　绕抱水格

【评注】

水从巽方朝入，绕至坤方，复弯环折回巽方，所以说抱身。若左方水直来直去，则不能以抱论。此局贵在穴前绕抱，非青龙抱身。

【原文】绕抱水格

水绕青龙身，长子足精神，各房皆吉。（上右图）

【评注】

此水从右方来，绕过穴前，从左方屈曲而去。右主小房，中主中房，左主长房，三房皆有水绕抱，所以说各房皆吉。

【原文】八国城门格，阳宅同。

八国圈环不动风，五音下着福重重。（下左图）

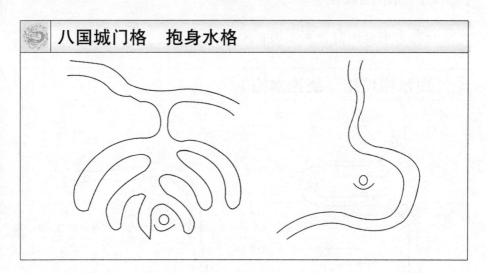

八国城门格　抱身水格

【评注】

八国一种说是把天干方，即甲、庚、丙、壬、乙、丁、辛、癸方，还有一种解释为八方，一般偏向后方。

五音：宫、商、角、徵、羽为五音。宋时风水家把百家姓氏分为五音，曰某音宜葬某向。如宋时皇帝姓赵，五音为角，宜壬山丙向，所以说宋陵均为子癸兼壬丙向。但此种葬法不合常理。天下姓氏众多，还有很多不在百家姓之列的，还有赐姓的，况天下龙脉走向又众多，所以用五音葬法与"峦头为体，理气为用"的大道相违背，可见五音葬法不足信。

【原文】 抱身水格，阳宅同。

　　绕身一水最难逢，更喜来朝屈曲中，

　　大富之人安宅墓，螽斯千口爵三公。（上右图）

【评注】

　　玄空派认为，水抱局亦有吉有凶。如下例某姓祖墓：此局水从乙方直至丑方，绕身近周，所以说抱身水。甲卯来龙，转巽巳入首后，明堂田水从兑方到向，壬子癸方有大河来，穴前开窝，从戌乾消出。下砂环抱有情，唇下有缺，卯方一峰秀拔，朝山土屏开面。

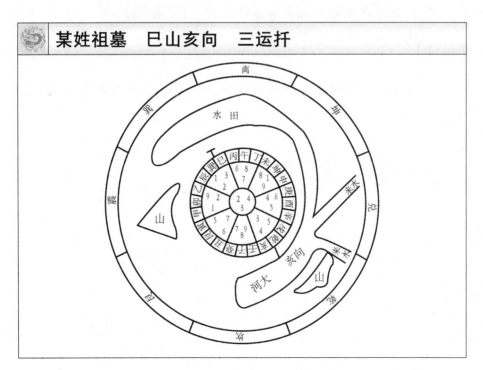

某姓祖墓　巳山亥向　三运扦

仲山曰：此局上山下水，葬后大房平平，二房少丁，因震方有山，二房居于震故。（按：山上飞星三到向，曰下水；向上飞星三到山，曰上山。三为震，属长房。一为坎，为中男，九为离，为中女，飞星震方有山无水，所以说二房少丁。）

按：此局星辰颠倒，葬后大房犹能平平者，水神虽犹上山，后无主峰，又遇水田故。但山上一不免下水，震方中男，又遭老母之克，俱为二房少丁之证。中男遭老母之克另一原因是震方见一二九，九紫火生二黑土克一白水。一水坎为中男，二黑为老母，所以说有此应。

人元巳山亥向，地运最短，仅二十年，且犯上山下水，必非佳穴。四五运向星入囚，亦难言佳；此局抱身水却以凶论，又一说。

【原文】裹头城格，阴阳宅同论。

裹头城里莫为坟，劫却东西即动瘟。

纵使发禄真龙处，到头终是绝儿孙。（下左图）

【评注】

裹头者，龙弱孤寒，穴太逼，反无余气也。水贴脚洗割周回者是。主招瘟疫、贫寒或孤弱不振，为凶水。

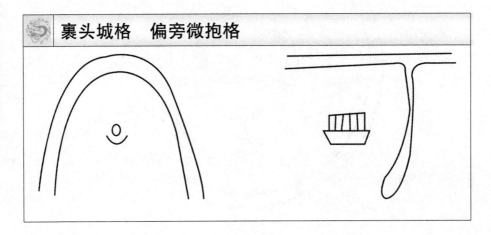

裹头城格　偏旁微抱格

【原文】偏旁微抱格，阴宅同。

白虎长河带裹兜，家乐任君求。（上右图）

【评注】

前水直来直去，右水略有兜收，作阳宅可，作阴宅略嫌不足，即使就角立穴，也主一发即败，不能长久，气不聚也。

【原文】荫腮水格

一水两分回，其名为荫腮。两腮皆可穴，居中是漏腮。（下左图）

【评注】

荫腮水即金鱼水，从穴两腮出而环抱界穴者是。

漏腮水是水从穴身两腮下流走名漏腮水，乃漏气之龙，全无融结。如此图，穴点左是贴近左脉，点右是接右气，均有水抱穴，气固不泄。惟点于正中，离龙气太远，真气从两腮下流走者是。

荫腮水格　金钩格

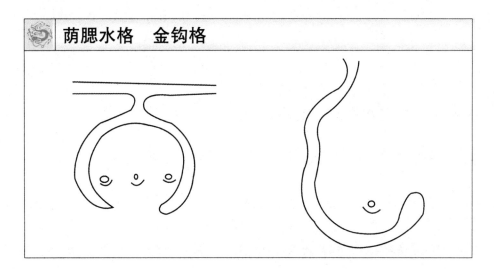

【原文】金钩格

曲水似金钩，富贵此中求。（上右图）

【评注】

廖禹曰："平地涌出一钩金，有脉串中心；折脚眠弓同此类，官取侍郎位。"

【原文】反水格，阳宅同。

反钩水格名背城，出人拗性并狂心，
更兼像足招疯疾，家业飘摇公讼兴。（下左图）

反水格　之玄水格

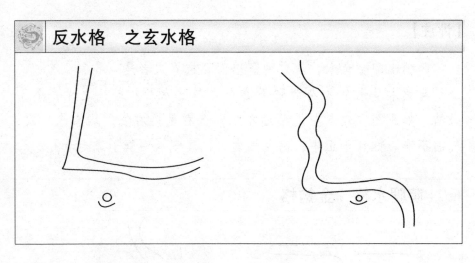

【原文】之玄水格，阳宅同。

之玄抱身格，抱身出大贵。（上右图）

【评注】

此水虽从巽方屈曲来朝，绕坤至乾而去，但去时直而无弯，立阳宅得运即发，立阴宅则龙气走泄，虽发不久。若去水有兜收，方依上论。

【原文】重土格，阴宅同。

二土面前横，家豪颇有名。（下左图）

【评注】

虽前有土城水，但均直去无回，犯了形之大忌，修建阳宅，尚可发迹。若立阴宅，是龙气不聚，无从下手。

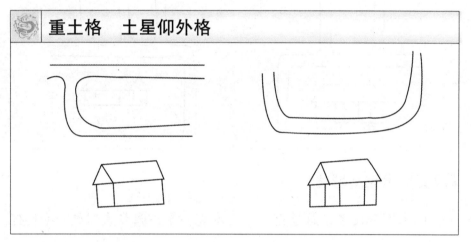

重土格　土星仰外格

【原文】土星仰外格

土星如仰外，无水便离财。（上右图）

【评注】

形成反背，与穴无情，即使有水，也主败退，决不能立穴。若修建阳宅，逢旺运方以吉论。

【原文】木克土城格，阴宅同。

两木不宜长，一土怕难当。（下左图）

中国传统术数总集　第一辑

【评注】

土星成穴，即使一木，也为撞破，两木则克力愈强。

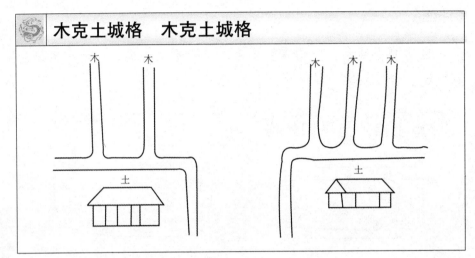

木克土城格　　木克土城格

【原文】木克土城格

两木不宜长者，总是克土。三木克一土，离乡人口死。（上右图）

【评注】

此局阳宅得运骤发，失运遂败。阴宅决不可下。

【原文】抱水城格，阴宅同。

白虎弯弯抱屋前，富贵出高官。龙神抱体足堪夸，富贵达京华，又名转角水。（下左图）

【评注】

虽巽方来水到乾消出，腊来去皆直硬，生气不住。修阳宅尚可，若立阴宅，一发即败，不能久长。

抱水城格　束带缠身前抱水格

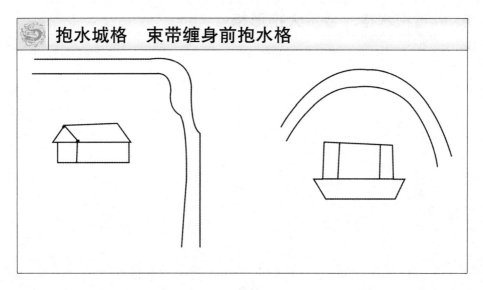

【原文】束带缠身前抱水格，阴宅同。

束带水缠身，家中好积金，若然为墓冢，久后可成名。（上右图）

【原文】重抱水格，阴宅同。

两重龙来抱屋前，家富及人安。若然两抱屋穴后，立见家丰厚。代代儿孙锦衣回，青锁及乌台。（下左图）

【原文】金水大抱形格

一重路抱一重城，金水重重大抱形，
更得四旁无别犯，荣华累代有声名。（下右图）

【评注】

外水屈曲环抱是水体，内有路或水如弯弓形环抱属金体，路亦为水，所以说金水大抱。

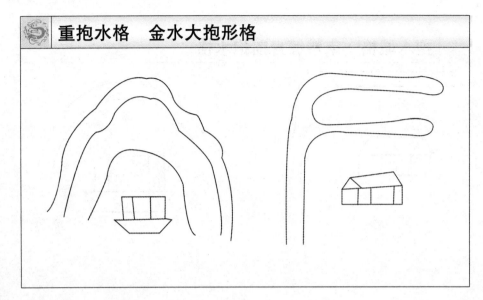

重抱水格　金水大抱形格

【原文】钳水格，亦名两水合。

两水合成钳，无官且有钱。（下左图）

【评注】

此地贵在龙虎交抱，界水明白。

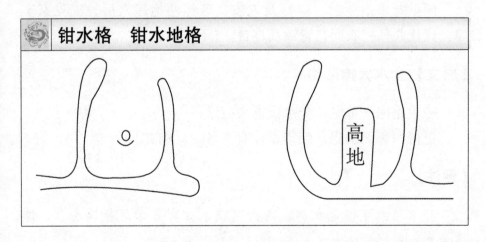

钳水格　钳水地格

高地

【原文】钳水地格

水口若窝钳，高官且有钱。此形出文武双全之人。

大鸿曰：此以水抱而吉，非高地之故。（上右图）

【评注】

左水为青龙，主文；右水为白虎，主武。左右龙虎水皆抱，所以说出文武双全之人。

【原文】金钩格，阳宅同。

金钩左转抱身来，家富足钱财。若是地形能阔大，端的位三台。（下左图）

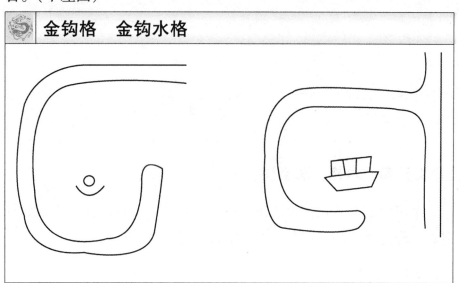

金钩格　金钩水格

【原文】金钩水格

金钩左抱形，家富足人丁。（上右图）

【评注】

金钩形为单股太阴，脚转水者是。此类穴应居钩上，多以游鱼为案。

【原文】金钩形格

水来屈曲钩，富贵兜优游。（下左图）

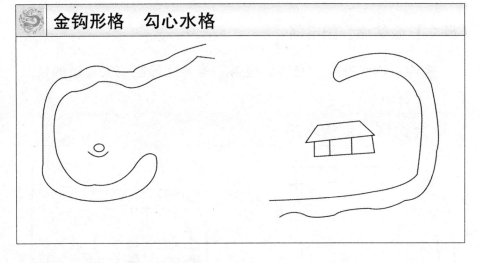

金钩形格　勾心水格

【原文】勾心水格，阴宅同。

水尾勾来尖射穴，此地作凶说。大鸿曰：此勾直射明堂，便为射破。若勾过堂，形在左手者，反为大吉。（上右图）

【评注】

此类水修建阳宅或立穴，宜就弯抱之处，避开勾心之形，名闪杀，亦以吉论。

【原文】之玄抱身格

之玄之水是真龙，来去皆结产巨公，

水若抱身钟大贵，即使不抱也兴隆。（下左图）

【评注】

水以屈曲抱身为美。若不抱身，则可能横直反弓敃斜飞，均为凶水，不能言吉，所以说"即使不抱也兴隆"句不严格。

之玄抱身格　乙字水格

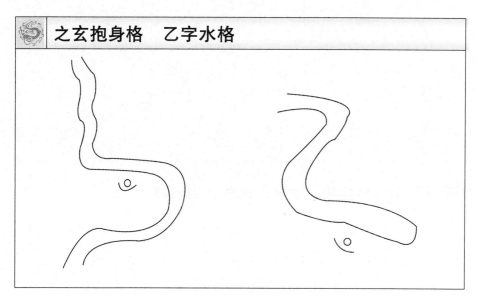

【原文】乙字水格

乙字之字入怀流，也是回头龙脉收。

穴若有情再有气，其家富贵不须忧。（上右图）

【评注】

不论乙字、之字，去水均宜回环。此水斜去而泄龙气，主先发后败，并非全吉。

【原文】曲水城格，此即飞雷城式。

龙神弯弯屈曲来，日日进钱财。若是曲多深且阔，门前车马盈。金明水秀盛文章，翰苑姓名扬。（下左图）

中国传统术数总集 第一辑

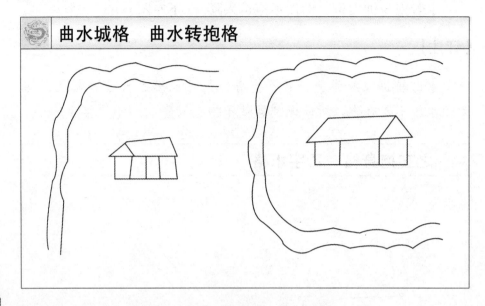

曲水城格　曲水转抱格

【原文】 曲水转抱格，亦名缠龙格，阴宅同。

　　曲水之格为瓜藤，文秀实夸能。更若回环成大局，家世多横玉。水星环抱，定主秀丽文章。（上右图）

【评注】

　　如施姓祖墓。此例水从坤方来，从兑方流入艮方，绕至巽方消出。穴身三面皆水，与本格相似。此局坟后低田，兑水远来，从乾、坎、艮至震方开宕，巽方有桥，水从桥下出。

　　仲山曰：大发财丁兼出秀，且入泮，考入必双，然主世出寡妇、瞽目。

　　沈注：双二到向，大发财丁，向上有水故。入泮必双者，城门在巽，双一到也。一四同官，本主科甲，因龙力不强，但出秀才，此美中不足耳。世出瞽目、寡妇者，向上双二及九故。

中国传统术数总集 第一辑

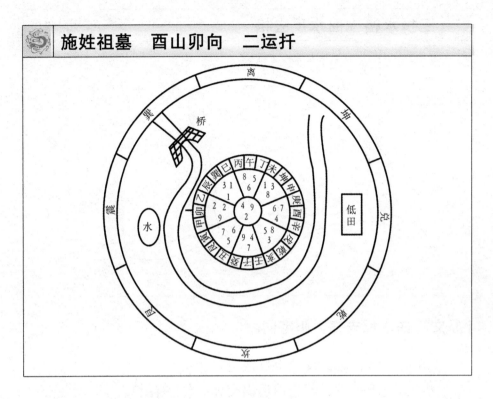

施姓祖墓　酉山卯向　二运扦

【原文】三折水格

鸾翔凤舞曲来朝，九曲当心气势豪。

纵少案砂拦水口，定然荣显为名高。

一般当面冲来，直者为凶，曲者为吉。（下左图）

【评注】

蒋大鸿曰："离方九曲似蟠龙，此局先通列宿垣，建宅三元无破损，三槐九棘冠朝班。"此水为一局正水，四局催水，所以说一四局尤发。

三折水格　曲水反去格

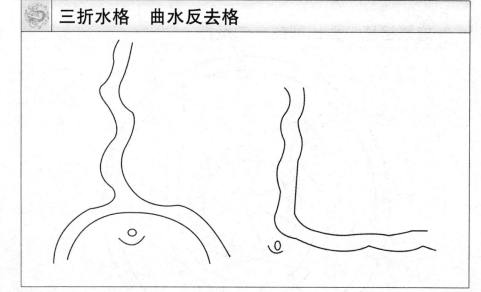

【原文】曲水反去格，阳宅同。

　　曲水转者抱他家，反上出坟穴更差。
　　纵用秀龙堪一发，若逢退运祸交加。（上右图）

【原文】龙背格，阴宅同。

　　家住曲外名龙背，绝嗣多乖戾。（下左图）

【评注】

　　此局与水反去同理。

【原文】回龙格，阴宅同。

　　水神来处复回头，此是回龙气脉收。
　　腹里包藏无泄漏，其中发禄永无休。
　　凡水从东南来，过西抱冢宅复向东北而去，主累代富贵卿相。
（下中图）

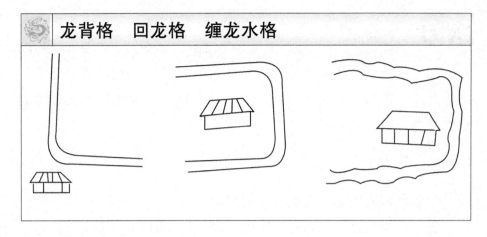

龙背格　回龙格　缠龙水格

【原文】缠龙水格

　　右边河水弯曲抱，此地多财宝。若然局大屈曲来，平步上金阶。（上右图）

【原文】回龙水格，阳宅同。

　　西水东来抱宅坟，儿孙富贵显家门。（下左图）

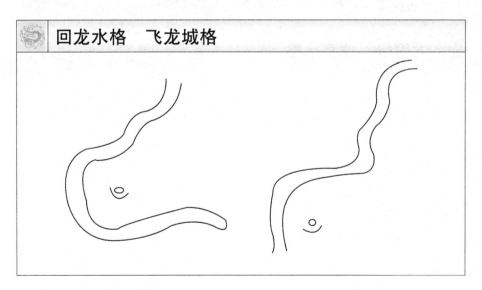

回龙水格　飞龙城格

【评注】

回龙是指龙脉从何方来，大回环后，又朝来方立穴者名回龙。此局龙从兑方入首，逆水向震立穴，并非回龙。而水则随龙而来，逆龙而上，所以说曰回龙水。

【原文】飞龙城格

曲来之水是飞龙，穴点居中富贵荣。
更看星辰归吉位，为官一定到三公。（上右图）

【评注】

至辰归吉位：三合水法是指生方来水，墓方出水；理气派是指六秀水；玄空派则是指当运旺水。

【原文】龙腹格，阴宅同。

家住曲中号龙腹，富贵食天禄。（下左图）

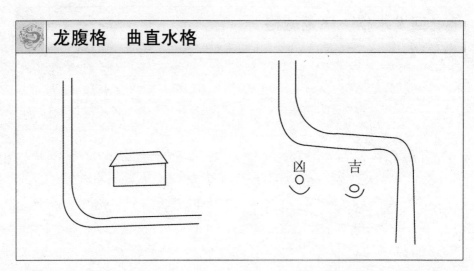

龙腹格　曲直水格

【评注】

巽水直来，绕艮至乾直出，是龙气不住，真气不聚。修建阳宅尚可一发，修建阴宅，一发即败，并非佳地。

【原文】曲直水格

曲从直来，此地当裁。避直就曲，金玉成堆。避曲就直，一败成灰。坟前有水直冲穴，下后儿孙绝。（上右图）

【原文】折水格

水行一折一龙居，二折二龙栖；更加三折龙神旺，身在青云上。（下左图）

【原文】御街水格

御街之城实至贵，宰相三公在高位。若然龙后带奇星，定主圣朝天子气。（下右图）。

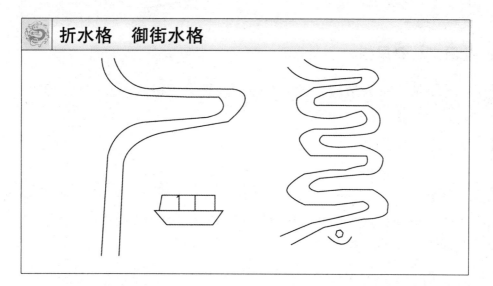

折水格　御街水格

【评注】

御街水居前虽美，仍要后有兜收方为气全。若水至穴前如此图斜流而去，是前气厚而后气泄，却主发难久。

【原文】御街水格

二水三重龙，如带复如弓。为官家富足，清职显门风。（下左图）

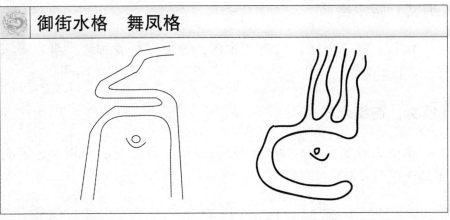

御街水格　舞凤格

【原文】舞凤格

群流飞舞入垣城，凤舞鸾翔羽翩轻。更得穴中真气结，不为仙客也公卿。（上右图）

【评注】

水屈曲朝来，如鸾凤之冠为吉。若三水直来，则曰兰木创城，为吉中藏凶。诗目：舞凤展翅出林泉，玉架金龙在面前。冠上扦穴还是好，儿孙世代出官员。

【原文】 蟠龙舞凤格

翔翔朱雀势萦回，俨若蟠龙屈曲来。

下后儿孙登甲第，官居清显列三台。（下左图）

【评注】

水在穴前如鸟飞舞，穴之前方又为朱雀之方，所以说朱雀翔翔。

蟠龙舞凤格　覆钟格

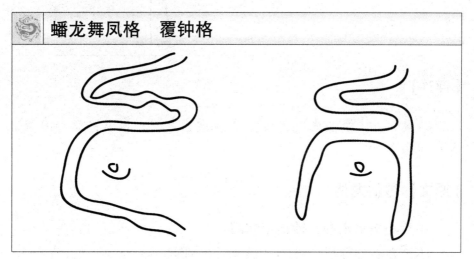

【原文】 覆钟格

来水弯弯若覆钟，堆金积玉富弥丰。

子孙显贵登金榜，百远声名绕九重。（上右图）。

【原文】 幞头形格

有水前来似幞头，官来不用求。

大鸿曰：此穴过以水城绕抱而发，不重在幞头也。（下图）

幞头形格

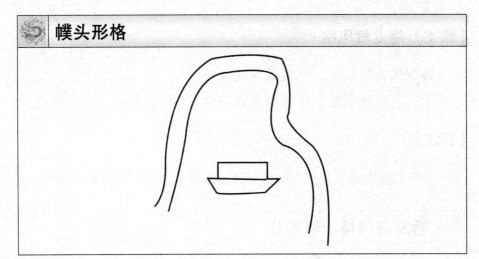

【评注】

廖禹曰:"幞头龙是高低土,封侯当万户;脉从高落始相宜,低处未为奇。"

【原文】抄估龙格

牛背马腿水来冲,抄估定知踪。

不论左右并前后,贫穷及逃走。(右图)

【评注】

廖禹龙法中有"他估龙形似银锭,亦与烟包并。因何抄估悉归官?穴向此中安。"凡穴如牛臂马腿,全无手脚,亦不走动者是,葬后主抄估家业,亦有云主出侏儒者。

【原文】抄估龙格

抄估之格最不良，
下着主离乡。（右图）

【评注】

去水斜反故。

【原文】扫帚地格

扫帚之地如走旗，或然三角或分飞。
此主徒配君休下，贫穷困苦主逃移。（下图）

扫帚地格

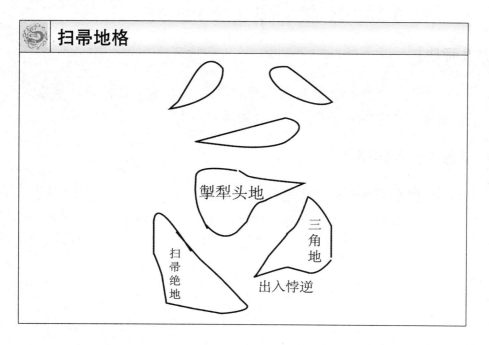

掣犁头地

三角地

扫帚绝地

出入悖逆

续水龙经分论

【原文】聚水龙格

众水如龙四面来，定知此地出三台。

纵然气散难豪富，也出神童绝世才。（下左图）

【评注】

气散者，去水直而不回头者是。

【原文】玉几格

青龙有水似玉几，官居州县贵。（下中图）

【评注】

此居三面水抱，惜直硬无弯，流去之水也不见回头，虽抱穴亦无情。修建阳宅可发，若立穴则难以长久。

【原文】印浮格

印浮水面笏横前，文笔森森剑气寒。

穴下水城如绕抱，儿孙定许出高官。（下右图）

聚水龙格　玉几格　印浮格

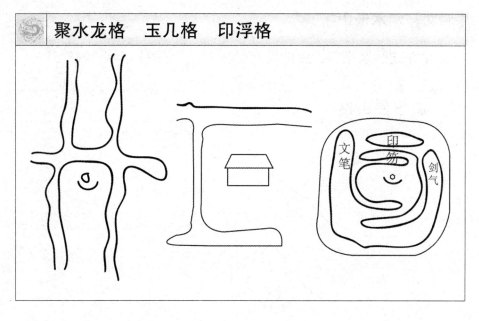

【原文】山水连秀格

　　秀峰罗列上云端，若是无龙空有山。必得真结来荫养，群峰相应出高官。（下图）

山水连秀格

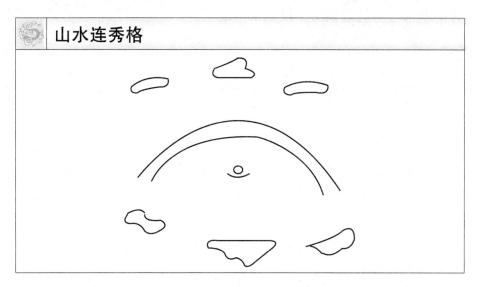

【原文】斜水侵山格

山龙之脉水来斜，纵能发福必倾斜。（下图）

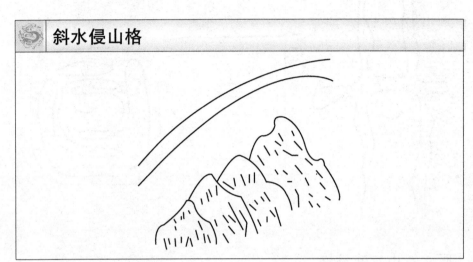

斜水侵山格

【原文】池湖脉格

前有池湖、汪洋巨浸者，立穴稍远大吉。若太近前虽富贵，难为子嗣，亦须代代换房，以无余气故也。（下左图）

【评注】

池湖虽均为穴前聚水，但池塘小显而易见，湖荡大隐而难扦，所以说葬法亦有分别：

一、湖荡：形势散慢，难立正中，尤难聚气，所以说葬法尤宜精密，须弃死就生，亦从枝干之理变化而来，但形与江河之枝干有异。大荡为干，小荡为枝；大荡为漏道，曲入处为息道——即龙胎，即能聚气，当就此立穴。

二、池塘：只要方圆成象，平正不欹，便可取裁。但宜于横处受穴，不可于直处立局。如一方池水，横处看则为土象，直处看则为木象。圆池亦须微微横阔，才是金星开口；太圆则四周无受穴处，反为顽金，无处下手。池塘之水，有吉有凶，《人子须知》云："池塘凶者，谓之照盆杀，主少亡。"断法云："上连下塘，寡母守空房，不可不慎。"

立穴与池塘远近，亦有区别。池湖大者，水之阴气过重为杀，宜稍远立穴。若池沼弱小，气聚水边，则宜近水下穴。

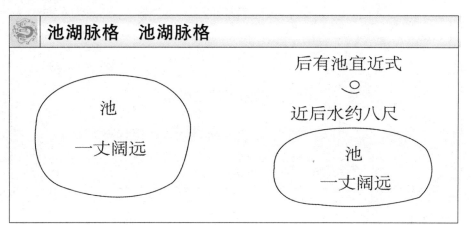

池湖脉格　　池湖脉格

后有池宜近式

近后水约八尺

池

一丈阔远

池

一丈阔远

【原文】池湖脉格

前后有湖池，墓宅两相宜。

池前须贴近，池后要防欺。

下法看平正，倾斜脉便离。

更相方圆扁，扦之各有宜。（上右图）

【原文】池湖脉。

明堂积水深，圆镜足堪夸，

出人多秀丽，男女喜双清。（右图）

印鉴式

方圆池式

【原文】池湖脉方印格

方印积水深，此地出官人。（下图）

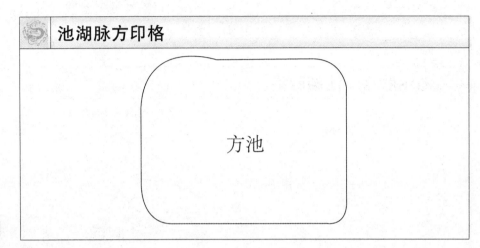

池湖脉方印格

方池

【评注】

如陶榜眼祖地。此地在会稽县荒坳，卯龙辛向，其龙多起伏，案前满床牙笏，湖水聚注，奕世显宦。

陶榜眼祖地

【原文】池湖脉。

凡池塘水在冢后偏斜，主子孙不孝，及有狱死人。

又曰：坑坟龙不十分吉。

【原文】池湖立格

湖池若坐偏，气脉不周全，子孙多不孝，刑狱便相牵。

凡内外宅在池之偏旁者，主兵死客死，四隅方位同论。（下左图）

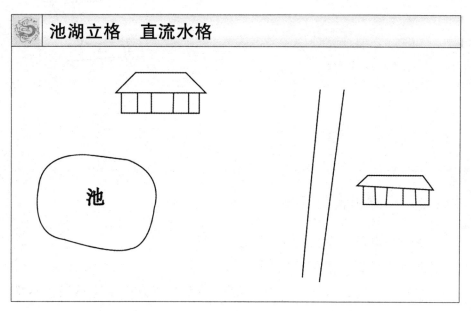

池湖立格　直流水格

【原文】直流水格

直水水无弯，两旁也不安，

全然无气脉，到此不须看。（上右图）

【原文】直中取弯格

直水地居弯，其家反得安。（下左图）

【评注】

　　此格似自相矛盾也。既云直水，怎会有弯？既然有弯，又岂可曰直。

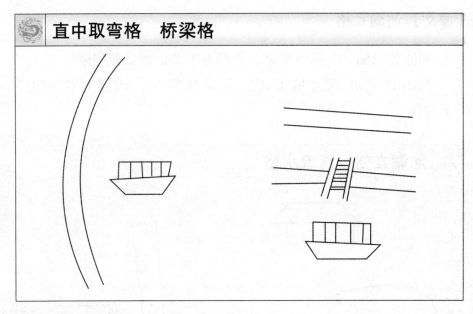

直中取弯格　桥梁格

【原文】 桥梁格，阴宅同。

　　当面桥直冲，未免势太凶。

　　瘟病并孤寡，阴宅亦宜同。

　　大鸿曰：此桥亦居衰败之方故也，若在旺方，反能招福，不嫌朱雀也。（上右图）

【原文】 桥梁格，阴宅同。

　　青龙之上有横桥，锁水任君安。

　　大鸿曰：桥应论方位合元，不可但云青龙。（下图）

桥梁格

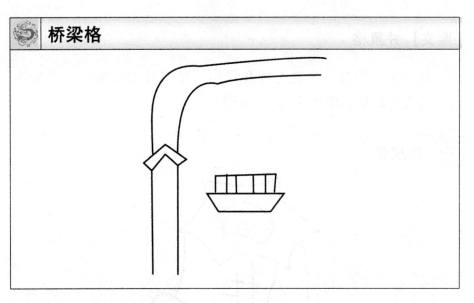

【原文】桥梁格，阴宅同。

大鸿曰：此桥应在衰败之方，阳宅以浮桥为重，所以说不吉。若在旺方，反主有吉，不可以青龙、白虎分凶吉也。（下图）

桥梁格

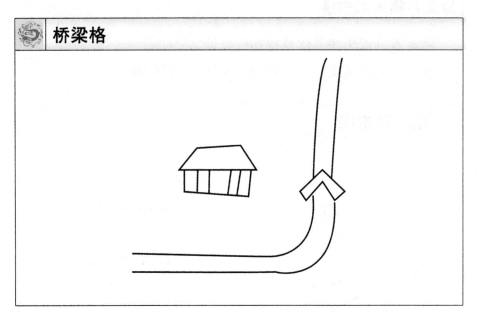

【原文】井泉格

　　凡近冢有井者，主患心痛及目病。井不分偏左偏右，或前或后，若太近坟侧，难为子孙。（下图）

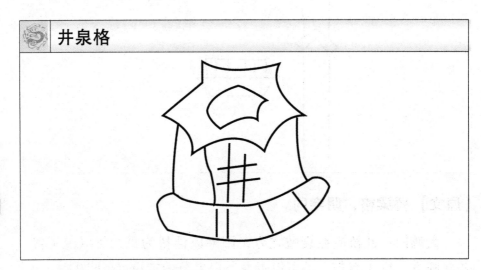

井泉格

【原文】横水微抱格

　　横水直过本为凶，略见弯环气脉钟。
　　纵少星辰占富贵，喜无倾败损家风。（下左图）

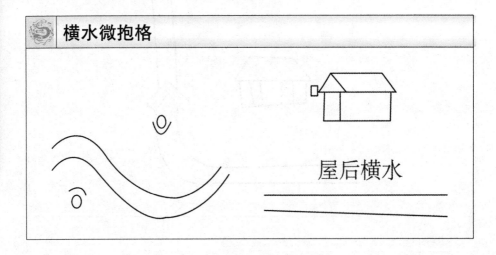

横水微抱格

屋后横水

【原文】横水凶格

屋后横水直流通，暂时未败即贫穷。（上右图）

【原文】明堂横过水格，阳宅同。

内圆外直，取内作吉。凡横过水不牵不掣，不斜不侧，不反不飞，反作吉断。（下图）

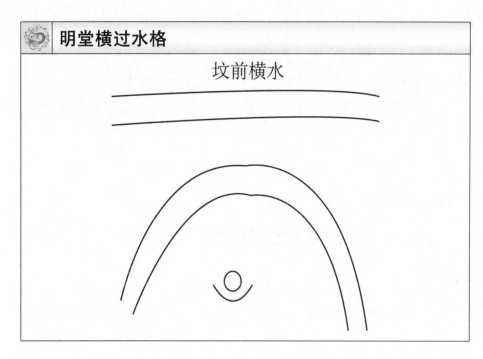

明堂横过水格

坟前横水

【原文】直冲漏气格

右畔通风水直冲，灾祸立逢凶。（下左图）

【评注】

此局若修造阳宅，宅移前可避冲胁之水为吉。若立阴宅，虽移前向弯立穴，可避直冲之患，但去水直硬泄龙气，亦主一发即败，不能久长。

【原文】枝水漏气格

直射有枝兜，旺时不用忧，若然加一抱，福禄自悠悠。坟前或坟后，有此水漏去不为吉。（下右图）

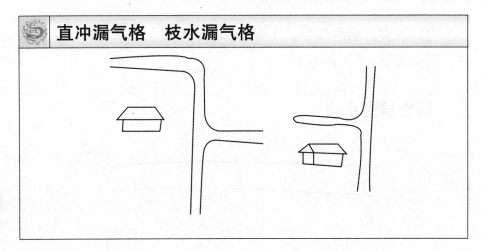

直冲漏气格　枝水漏气格

【原文】分飞格

青龙白虎两分张，徒流退散绝离乡。（下左图）

【评注】

此局左方青龙水抱身，右方白虎水反跳，是龙吉虎凶，并非分张。

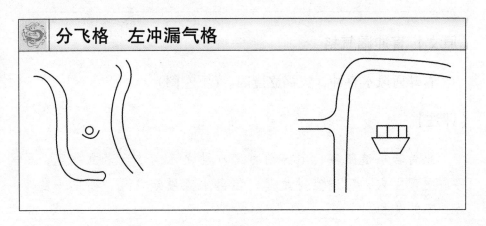

分飞格　左冲漏气格

【原文】左冲漏气格

左边有水直冲来，风吹散人财。

大鸿曰：此虽金土城，为左边木星冲破。（上右图）

【评注】

与前直冲漏气格同，移前就弯，亦可立穴。

【原文】斜飞水格

白虎一去无情水，离乡徒配人。（下左图）

【评注】

无情水者，右方白虎有水斜飞而去，泄尽龙气故也。但左水弯抱有情，主先发后败，或离乡而发。

斜飞水格　分飞格

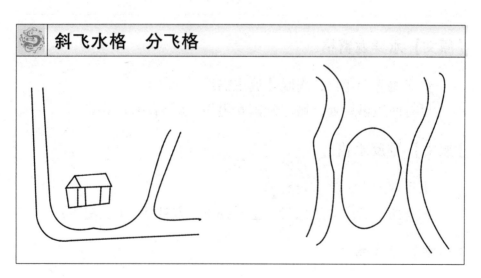

【原文】分飞格

头斜脚反两边来，此号扛尸实可哀。客死瘟疫并刑狱，更兼妇女性偏歪。（上右图）

【原文】卷舌水格

水如卷舌最堪悲，退败人丁最不宜。

暗哑之人端为有，时常搬喋是和非。

后虽绕抱，而左右反去，所以吉中有凶。（下左图）

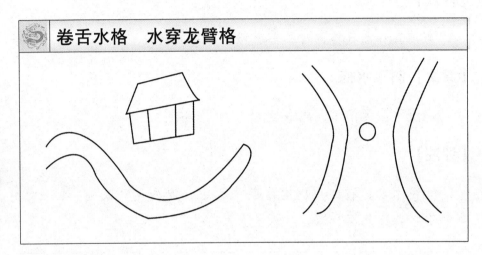

卷舌水格　水穿龙臂格

【原文】水穿龙臂格

水穿龙臂少年亡，虎眼才流主祸殃。

更有两边堪忌处，城门斫割女男伤。（上右图）

【原文】重反水格

水反两三重，其家定有凶。

前有两水流向冢边出者，主子孙不孝及残疾。（下左图）

【原文】斜飞水格

水城斜走去如飞，儿孙主窜移。家业飘零难保守，人丁渐渐稀。（下右图）

重反水格　斜飞水格

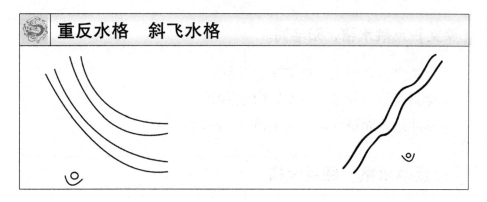

【原文】拖脚反水格，阴宅同。

坐后转身作土星，其名拖脚更须论。

去无曲水何能发，穴若偏旁愈失神。

凡宅后有一巨水，直来即折向而去，其家或暴富贵，却出刑人。（下左图）

【原文】先抱后反水格

先抱后反，一发便衰。（下右图）

【评注】

玄空派认为，此水亦当论元运。

拖脚反水格　先抱后反水格

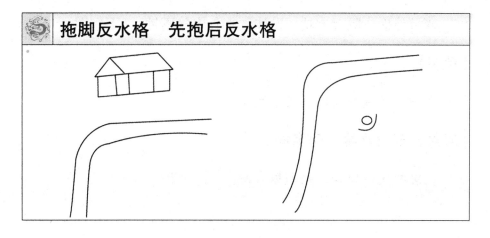

【原文】反跳水格，阳宅同。

反跳之水是回抱，墓宅逢之万事空。

生男定少忠和孝，生女还归花柳中。

水才过穴而跳反，一文不值。（下左图）

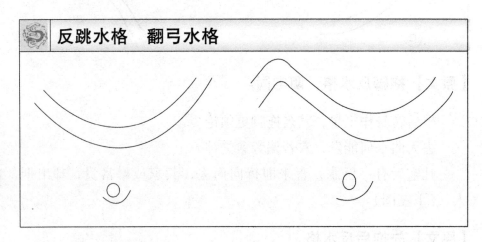

反跳水格　翻弓水格

【原文】翻弓水格

水法似翻弓，扦之必有凶。出人多拗性，悖逆乱家风。（上右图）

【原文】明堂横过水格

弯弓外抱，隔远无功。贴体硬直，内气不钟。（下左图）

【评注】

本书原无说明文，据其它版本补。

【原文】反跳水格，阴宅同。

白虎源头一反勾，财似鬼来偷。（下右图）

【评注】

水从右上坤方反去者是。

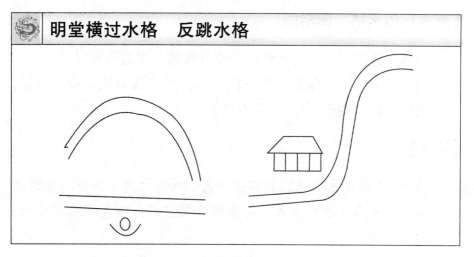

【原文】 反水格，阴宅同。

龙神反去不朝身，扞着退家门。

左边若见长房灾，右边若见小房衰。

又云：冢宅居曲水头者，主子孙多死亡。（下左图）

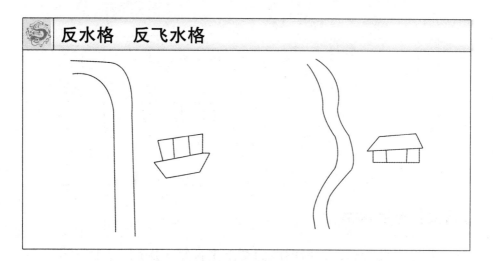

【原文】反飞水格，阴宅同。

青龙水去反如飞，家破又人离。（上右图）

【原文】因水格，阳宅同。

四面水停流，不久有灾忧，心疼及腹痛，水蛊药难投。

阴阳二宅，一发即衰。即一代发福，至二代穷败。若不急移，三代耗绝无救。两格同论。（下左图）

【评注】

又云："四面水周流，其名唤作囚。运旺之时才一发，运衰之日万般休。吊角挨边犹自可，居中作穴更堪愁。时师莫说棋盘土，下着将军祸到头。"

在四角环抱处或四边略有弯抱处立穴，名吊角挨边。

因水格　十字水格

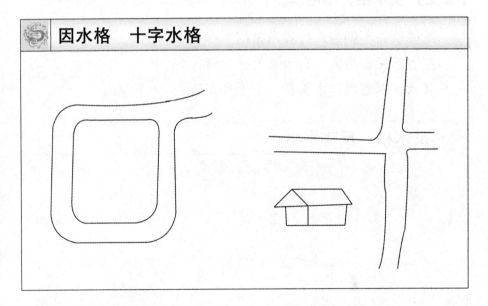

【原文】十字水格

此地不宜久居，久居曰渐消磨。主合年年疾病。（上右图）

【评注】

虽两水合襟，但系直交，名交剑，且均直去，龙气不住，生气不聚，所以说不宜安坟立宅。

【原文】土字水格

土字行来向住居，儿孙手艺只宜屠。

虽然温饱多成败，定出娼淫宅己虚。（下左图）

【评注】

本书原文漏最后"宅己虚"三字，此据其它版本补。

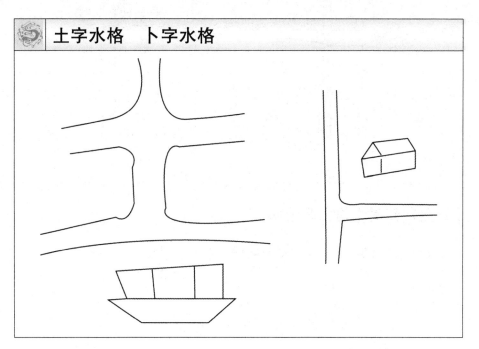

土字水格　卜字水格

【原文】卜字水格

宅后青龙卜字河，风冲鬼病磨。（上右图）

【原文】井字水格

十字之水君莫看，廿字井字总一般。

若然市井犹堪住，独自一家不可安。（下左图）

【原文】四水相朝格

迢迢四水入明堂，直射不相当。若还屈曲水回头，财谷不胜收。（下右图）

井字水格　四水相朝格

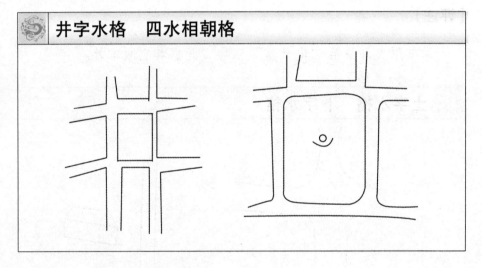

【原文】箭射水格，阴宅同。

箭射之水尖当心，飞来大祸侵。（下左图）

【评注】

此水直射入怀，又名水破天心。陶公云"当面朝入，子息贫寒"，即言此水之凶也。

【原文】枉矢水格

穿心之水又斜行，上应天文枉矢星。

刀箭加身死兵贼，更兼自缢及官刑。（下右图）

【评注】

枉矢星：流星的一种。

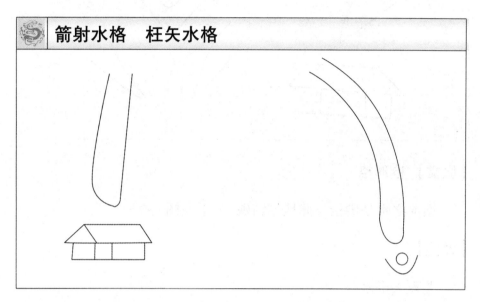

箭射水格　枉矢水格

【原文】尖射水格

青龙如枪来射身，儿孙遭刑凶。（下左图）

【原文】刀枪水格

水势似刀枪，杀人不可当，
子孙多劫盗，骑驴到法场。（下右图）

【评注】

古时被斩犯人，到法场时均乘毛驴，所以说"骑驴到法场"。

尖射水格　刀枪水格

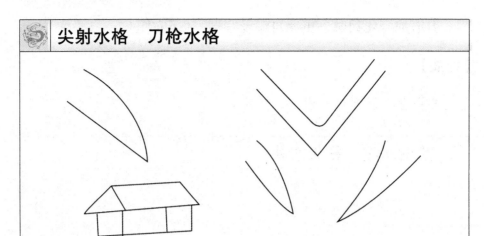

【原文】枪形格

面前之水是尖枪，此地见凶殃。（下左图）

【评注】

此即火形水。

枪形格　尖射格

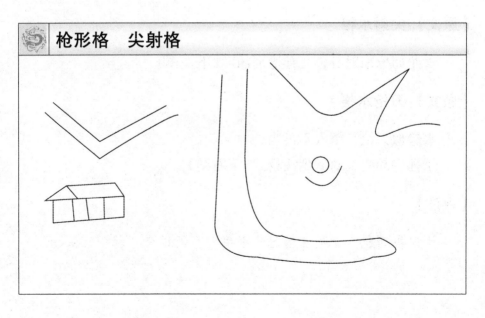

【原文】尖射格

大凡坐穴看后先，前后形吉任君安。

四畔如刀来射穴，此为凶煞退田园。（上右图）

【原文】斫割水格

前水交叉向相直，斫割此中识。官非兵盗日日来，身作火中灰。（下左图）

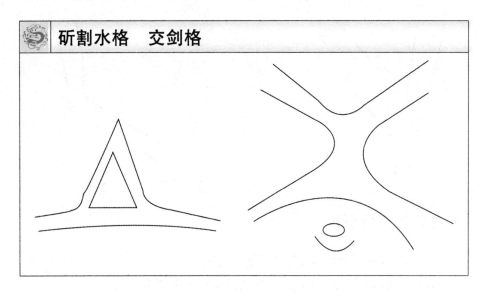

斫割水格　交剑格

【原文】交剑格

四剑水流名割斫，此地如刀削。两边撞射入明堂，枉死少年郎。（上右图）

【评注】

凡交剑之水，必脉穷气绝，决无融结。经云"二水相交穴受风者"是。

【原文】扫割水格

两畔扫割，瘟火刑杀。家业如汤，人口死绝。（下左图）

【评注】

此亦火形水。

扫割水格　撞射斫割格

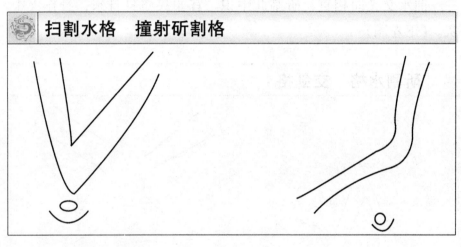

【原文】撞射斫割格

滔滔流水直冲来，认取弯弯到此裁，
不怕吉星并合卦，相逢立便见凶灾。（上右图）

【原文】斫割水格，阳宅同。

刀剑攒坟斫割形，此坟一葬主伶仃。
男女死亡无救助，投河自缢贼军刑。（下左图）

【原文】众射水格

穴前有水是伤心，叠箭交加害更深。
恶杀凶神难躲避，神仙当此也消魂。（下右图）

斫割水格　众射水格

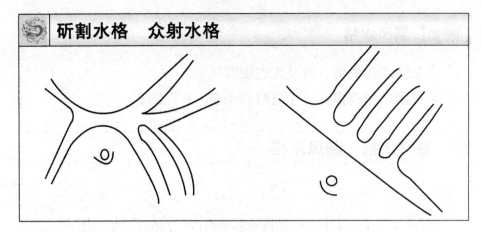

【原文】枝水漏气格

左边小水如笔头，此宅进田牛。运若合时隆隆起，退运家如洗。只因水直未兜收，一转即无忧。（下左图）

【原文】漏风水格

十字交流处处通，纵然织绵也成空。
莫将枝水为收束，浪打风水无定踪。（下右图）

枝水漏气格　漏风水格

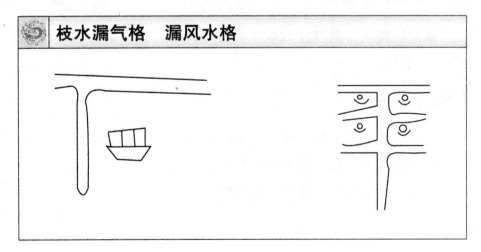

中国传统术数总集　第一辑

【原文】漏风水格

水来撞界势纵横，若是无兜便漏风。

虽然眼里如花锦，下了之时总是空。（下左图）

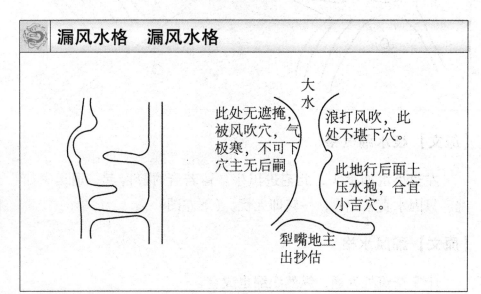

漏风水格　漏风水格

此处无遮掩，被风吹穴，气极寒，不可下穴主无后嗣

大水

浪打风吹，此处不堪下穴。

此地行后面土压水抱，合宜小吉穴。

犁嘴地主出抄估

【原文】漏风水格

水向四脚飞，浪打及风吹。虽有弯环并停蓄，总无真结不堪栖。（上右图）

【原文】漏风格

乾坤二风吹，子孙主窜离。（此局重（下右）右图）

漏风吹冢不堪观，子嗣应知天寿看。

后出穿窬夜行子，桥栏虽阻岂能安。（下左图）

漏风格　漏风格

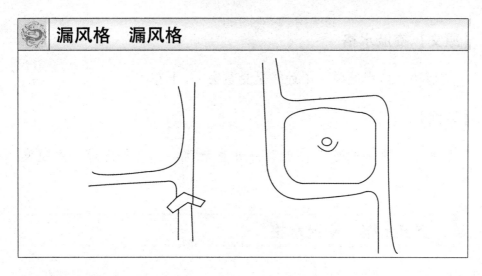

【原文】漏风格

乾风吹冢，子孙绝嗣。巽方吹冢，子孙患疯。大鸿曰：此亦主元运衰替而言。（上右图）

【原文】漏风格。乾坤二风吹，子孙主窜离。（下图）

漏风格

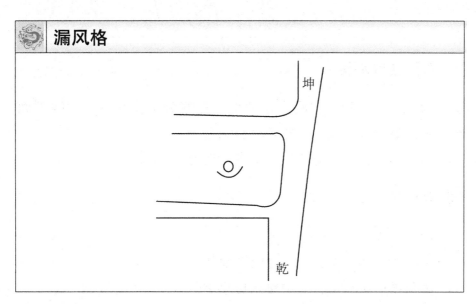

【原文】交流水格

屋边二口水通风，子孙终是受贫穷。（下左图）

【评注】

虽二水来合襟于后，但又分开直泄而去，真气走散，主随发即败。

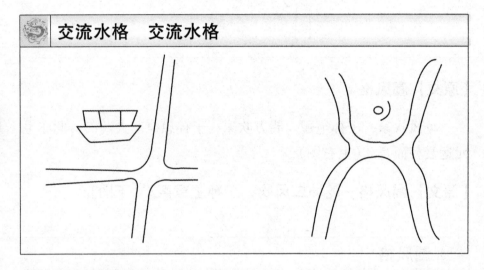

交流水格　交流水格

【原文】交流水格

两水夹流还抱穴，漏去还消歇。更兼分走作交流，一败不回头。水形似抱实交流，全然无气难深求。

前有两水若夹埏道交流，主有杀伤死。（上右图）

【原文】囚水格

四面水周流，其名唤作囚。

运旺之时实一发，运过之时万般休。

吊角挨边犹自可，居中作穴更堪愁。

时师莫说棋盘土，下着将军祸到头。（下左图）

囚水格　水破明堂格

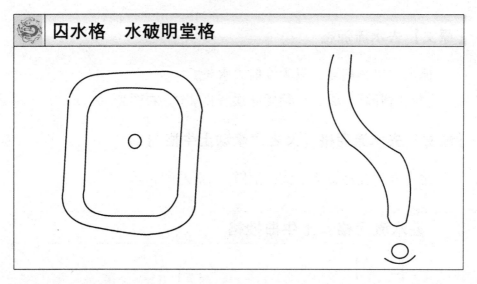

【原文】水破明堂格

　　水破明堂，家长难当，若不急移，疾病死亡。（上右图）

【原文】堂开口格

　　此水人明堂，开张去直长，
　　路路皆尖直，刑狱并瘟痤。（下左图）

堂开口格　去水流泥格

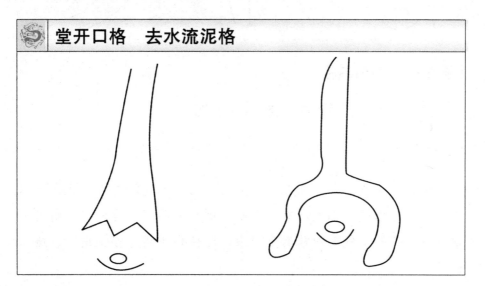

【原文】去水流泥格

流泥穴里主离乡，只为坟前去水长。

说与时师高着眼，不须凭此误贤良。（上右图）

【原文】去水流泥格（又名"牵动土牛格"）。

总有外边复抱，亦主离乡退败。（下左图）

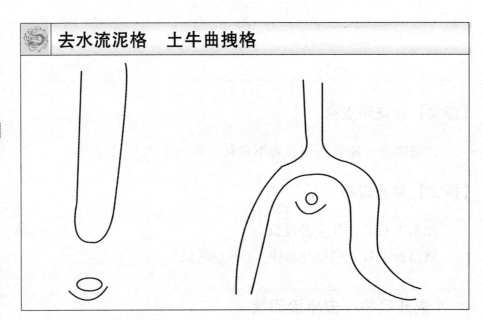

去水流泥格　土牛曲拽格

【原文】土牛曲拽格

面前水直去，虽吉亦不济。（上右图）

【评注】

吉与不济相连，既然言吉，何又不济，似是矛盾。但此分二意，吉是言内气，如此局有金城水抱则吉。不济是言外形，前有长水直去，荡泄龙气。即前有直泄水，即使内形吉，亦主退败，所以说不济。

【原文】之玄水格

明堂之水为之玄，土牛不动穴可扦。

葬后其家大发福，子孙富贵出天然。（下左图）

之玄水格　前开水格

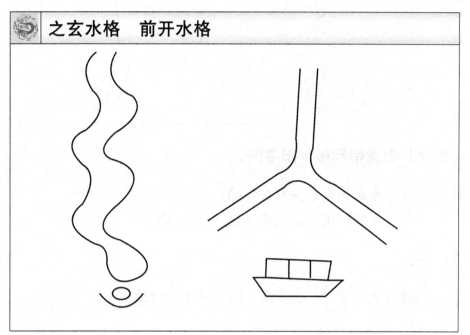

【原文】前开水格，阴宅同。

朱雀之水两分开，灾祸日日来。

坟宅有此，主伤家长。（上右图）

【评注】

来者直撞，分者尖射故。

【原文】火叉水格

前冲之水两分流，有井当中淫不休。主出心疾及患目疾。（下左图）

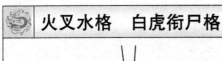

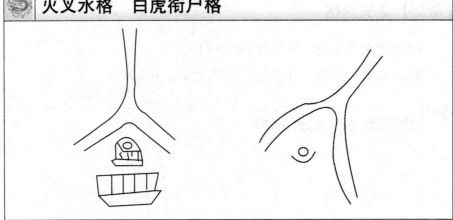

火叉水格　白虎衔尸格

【原文】白虎衔尸格，阳宅同。

　　右关一水最为灾，主有女伤胎，
　　小房位上家财退，此法无人会。（上右图）

【评注】

　　白虎为西方酉位，为少女，水反去主女伤胎。

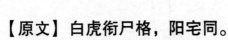

【原文】龙蛇吞并格

　　交加水射两无情，其家抄估没人丁。（下左图）

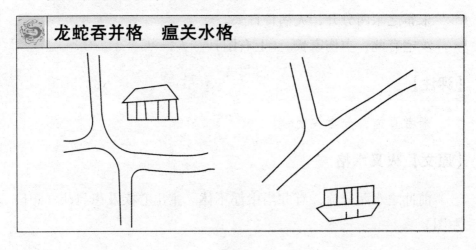

龙蛇吞并格　瘟关水格

【原文】瘟关水格

前头流水似叉斜，退败定无家，须知此地多瘟疾，人死无埋骨。（上右图）

【原文】执笏水格

门前有水如执笏，为官从此出。龙体有回环，方许紫衣还。（下左图）

【评注】

龙体有回还，是言去水。若去水直泄，前水虽秀，后无兜收，亦为凶象。

执笏水格　按剑水格

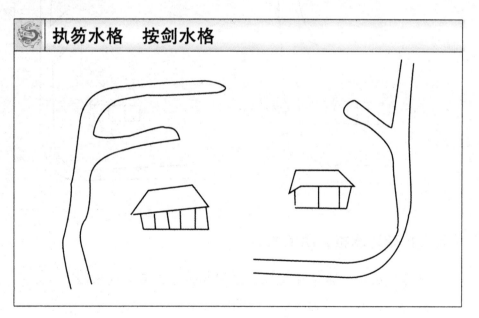

【原文】按剑水格

门前一兜如按剑，武职及巡检。

大鸿曰：小水圆者吉，尖者凶。（上右图）

【评注】

巡检：古官名。

【原文】刀枪水格

左边池湖如刀枪，儿孙主杀伤。（下左图）

【评注】

刀枪之水尖射，亦火星为害。

刀枪水格　破碎水格

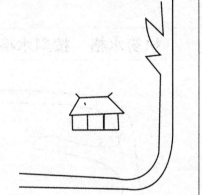

【原文】破碎水格，阴宅同。

破碎见火星，墓宅见忧惊。纵然龙脉远，亦有祸来侵。
大鸿曰：此火星为害。（上右图）

【原文】分背水格

此水皆四散，所以说主产难死。
子孙衰弱病，伶仃继后难。（下左图）

【原文】沮洳水格

沮如之水，半湿半干，积垢生苔，泥泥漫漫，如虾蟆背，如牛鼻汗，非水非陆，扦之生患。子孙疯狂，形神不庄，水臌肿脚，恶疾赢延。（下右图）

【评注】

沮洳水：并非江河泉水，而是遍山遍地终年常湿。视之不见有水，踩之却有湿迹，如死牛皮。张子微曰："沮如水乃山龙气衰脉散之地，不可用也。"

分背水格　沮洳水格

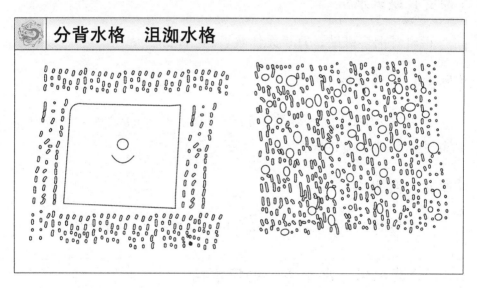

【原文】破碎水格

河岸多崩破，家中起灾祸，唤作金鹅带箭形，纵然绕抱有凶刑。（下左图）

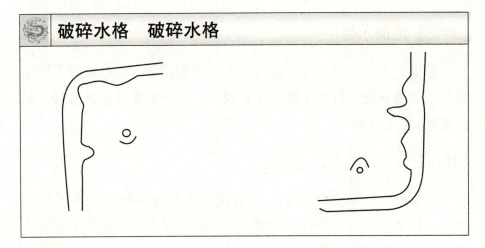

破碎水格　破碎水格

【原文】破碎水格

　　两畔汗河多破缺，官事无休歇。（上右图）

【原文】分背水格

　　冢背之水两分流，财散丁稀门户休。凡冢背之水分头而去，
囚坑之水停滞不流，皆大不祥。（下左图）

【原文】乱水格

　　水如败絮，亦似乱麻。葬之必祸，狂乱淫邪。（下中图）

分背水格　乱水格　铜角水格

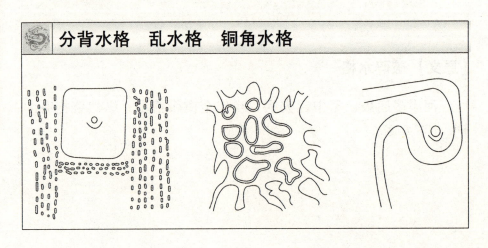

【原文】铜角水格

水形似铜角，气拗不宽阔，尼姑巫婆及师娘，卖药及街坊，更兼足疾并足跛，小口多伤促。（上右图）

【原文】抄估龙。

两头尖小中间大，如蛇吞鼠难急下。

马腿牛蹄总一般，出人抄估家生怪。（下左图）

【评注】

原书本格仅有图而无文字，现据其它版本增补。

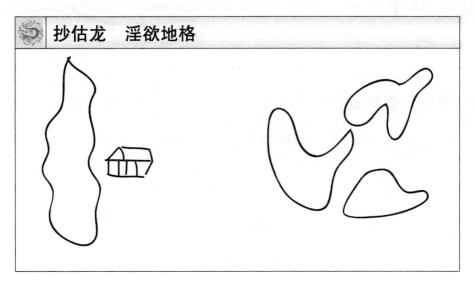

抄估龙　淫欲地格

【原文】淫欲地格

淫欲之地似鸭头，鸭头之地不知羞。

面前或似掀裙样，女儿媳妇上秦楼。（上右图）

【原文】丫叉水格

　　边旁若有丫叉水，此处全无地。（下左图）

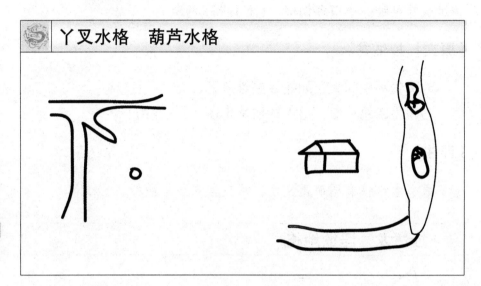

丫叉水格　　葫芦水格

【原文】葫芦水格

　　白虎河中带土墩，葫芦毒药名。（上右图）

统　论

　　人物受阴阳二气，生有宅，死有坟。若得吉地，人安则家，道荣盛鬼。安则子孙吉昌，久富之家，必有祖坟注荫。祖宗者，根荄也。子孙行，枝苗也。择地之难，四方风土不同，形势差别。作穴或在半山深谷，或在平地，或安石间，或安水底。葬书曰：水底必须巨眼，世间必得明师。实为微妙。夫相地要察来龙，点穴必迎真脉者，阴气也。水脉者，阳气也。冈阜水道，皆龙脉也。要迢迢而来，博龙换骨，如博花接木，所谓支干也。陶公曰：雌雄相喜，天地交通。故水不离山，山不离水。推形纳穴，随类而定。更取九星临照，须逢三吉，而避六凶。要环抱宛转，两胁宽容方正，立向取水合星卦，水口关锁而人格。朝从砂法宜有情。方为吉矣。葬经曰：地贵平夷，土贵有支故平阳之地，亦支脉相率，不离山水也。观平洋之地，地合田土，全无山龙支脉。立宅安坟，无龙脉之来，无星峰之应。当无龙砂护卫，前无应案朝迎。坐向不辨五星，水路何分八卦。此等之地，亦出富贵之家。反胜山冈气脉。盖闻先贤云：有山傍山，无山傍城。有水就水，无水依形。平洋之地，以水为龙。水积如山脉之住，水流如山脉之动。水流动则气脉分飞，水环流则气脉凝聚。大河类干龙之形，小河乃支龙之体。后有河兜，荣华之宅。前逢池沼，富贵之家。左右环抱，有情堆金积玉。前后潆回，无破宅富田丰地。欲水之有情，喜其回环。朝穴水乃龙之接脉，忌乎冲射反弓，最嫌激割牵消。多忧少乐，尤怕斜飞逼拗。易富即贫，或水路前朝而立宅，或田圩后掩以安坟。图内或坟或宅同理互看须参地理，要讲阴阳。主者若积阴功，天之所祐。曰者须凭目力，穴莫轻裁。福轻难遇，明师福厚，须逢吉地。